[南非] **温迪·兰伯恩**（Wendy Lambourne） 著

崔雯 译

觉醒领导力

从利己到利他

LEGITIMATE LEADERSHIP IN
ACTION

A Fundamental Shift from Taking to Giving at Work

人 民 邮 电 出 版 社

北 京

图书在版编目（CIP）数据

领导力觉醒：从利己到利他 ／（南非）温迪·兰伯
恩（Wendy Lambourne）著；崔雯译. -- 北京：人民邮
电出版社，2025. -- ISBN 978-7-115-66625-3

Ⅰ. C933

中国国家版本馆 CIP 数据核字第 2025KX8628 号

版权声明

- ◆ 著　　　　[南非] 温迪·兰伯恩（Wendy Lambourne）
　　译　　　　崔　雯
　　责任编辑　陈灿然
　　责任印制　王　郁　胡　南
- 人民邮电出版社出版发行　　北京市丰台区成寿寺路 11 号
　　邮编　100164　电子邮件　315@ptpress.com.cn
　　网址　https://www.ptpress.com.cn
　　北京天宇星印刷厂印刷
- ◆ 开本：720×960　1/16
　　印张：17.5　　　　　　　　2025 年 5 月第 1 版
　　字数：244 千字　　　　　　2025 年 5 月北京第 1 次印刷
　　著作权合同登记号　图字：01-2024-3641 号

定价：99.80 元
读者服务热线：(010)81055410　印装质量热线：(010)81055316
反盗版热线：(010)81055315

献给我生命中的三个人：

泰格（Teigue）
尼基（Nicky）
摩根（Morgan）

如同每个士兵的背包里都应该装有一根元帅权杖指挥棒一样，每个管理者都应该阅读和消化本书。在世界范围内，管理的合法、合情、合理性正受到质疑——这里，给出了这个问题的答案。

—— **戴维·哈丁**（David Harding）
非洲炸药有限公司运营总监

我曾与温迪密切合作，在一家大型企业中实施"关怀与成就"领导力，并在另外两家企业中也实施了这一模式。我可以为温迪带来的内容和知识作证，这些内容在现实世界中行之有效！

—— **罗斯·斯潘塞·达菲**（Ross Spencer Duffy）
科莫多有限公司（中国）总经理

这种领导力模型，有可能通过改变在组织中工作的人而改变你的组织……无法实现变革的唯一原因，就是缺乏勇气。

—— **亨德里克·库恩霍夫**（Hendrik Koornhof）
巴布科克国际集团（英国）人力资源总监

本书为管理者提供了易于应用的工具，使他们每次都能始终如一地做好工作。

—— **莱奥妮·范·通德**（Leonie van Tonder）
南非第一国民银行共享服务中心首席执行官

让你意识到，有一种方法可以在不妥协价值观或信仰的情况下领导人们。

—— **克里斯·沃克**（Chris Walker）
庄信万丰催化剂公司（英国）人才与组织发展部

在过去近 40 年的管理实践中，我曾一度认为"领导力"的定义是"领导者在组织或团队中，通过影响和激励他人，从而实现组织目标"。这一定义在很多管理学图书和课程中都有表述，并被广泛认可。这一观点根植于我内心深处，并在各种管理场景中得到验证。然而，直到我有幸阅读到温迪·兰伯恩（Wendy Lambourne）的这本书，这一观点才被彻底动摇。温迪的理念让我意识到，传统的领导力定义虽然关注目标的实现，但忽略了最重要的一点——把人视为独立而有价值的个体，而非达成目标的工具。

从"利己"到"利他"的转变

温迪的书让我对领导力有了全新的理解：真正的领导力不在于地位或权力，而在于其**意图**是否纯正，是不是真正为他人好，是否有真正的"利他"之心。她指出，领导者的行为是否能赢得员工的忠诚和尊重，不在于其能力或权威，而在于其是否能展现出一种真诚的"利他"的意图。这种"利他"不仅限于物质或表面的帮助，更体现在精神层面——对其职业发展的支持以及致力于成就他人的愿望。温迪用的一个形象的比喻让我印象深刻：强盗和外科医生都可能在人身上划开一道口子，但人们对医生的行为欣然接受，却拒绝强盗。这是因为医生的意图是治愈和帮助，而强盗则是为满足自己的私利。领导力的本质也是如此——意图决定一切。

这种对领导力的重新认识尤为重要。在当下的职场中，"95 后"的年轻人逐渐成为核心力量，他们更加注重内心真实的诉求，更清楚地感知到领导者的意图和行动是否一致。只有当信任和责任在双方之间双向流动时，领导力才能真正发挥作用。温迪通过丰富的案例分析和实践应用，清晰地展示了如何通过合情合理的领导力（Legitimate Leadership）方式实现个人和团队的共同成功。她提出的模型以**提供方法**、**赋予能力**和**培养责任感**为核心，帮助领导者在管理过程中真正做到有情有义。

合情合理的领导力的现实意义

在这个技术日新月异的时代，人工智能对工作方式和组织结构的影响日益显著，领导者如果仍然停留在将员工"工具化"的模式中，将难以赢得员工的信任，也无法真正实现组织的长期目标。在我辅导的创业型企业中，我始终强调，创新企业文化的前提是尊重员工的个体价值贡献，成就员工个体的成长。温迪的理论提醒我们：如今，人性化的领导力才是组织长久发展的关键。

从翻译到传达信念

这次翻译的过程，不仅仅是语言种类的转换，也是我职业生涯的一次探索，更是一次对领导力本质的再发现。我希望本书能够帮助更多的管理者和人力资源从业者重新审视自己的领导力价值观以及实施领导力的方式，思考如何以合情合理的领导力去激励员工，实现员工的个体价值，成就团队，最终实现组织目标。

合情合理的领导力并不仅仅是一种理论上的美好愿景，而是可以付诸实践的领导艺术。领导者只有先怀着利他之心，才能和员工一起实现组织目标。关键在于**意图的改变**——从"利己"到"利他"。

译者致谢

　　首先最想感谢的是本书的作者温迪·兰伯恩（Wendy Lambourne）女士。在整个翻译过程中，我们得到了温迪的大力支持。为了能够更准确地理解合情合理的领导力的精髓，她和她的团队特意为我们做了时长两天的线上工作坊。她人在南非，但在整个翻译过程中，一直和我们保持着联系，并给予我们支持。期待本书能使读者感受到合情合理的领导力的力量。

　　第一次介绍我接触这本书的人是周圆。他和作者温迪从十几年前就开始了合作，共同完成合情合理的领导力工作坊，并在中国为不同的客户做这个工作坊。周圆在 2022 年有了把这本书带给中文读者的想法，他和我一起探讨了合情合理的领导力的现实意义后，邀请我一起翻译。后他因工作安排，无法参与翻译工作，最终全文翻译由我一人完成。我相信，当读者读了本书，并为书中领导力的价值观所启发后，一定想和我一起感谢周圆，感谢他让我们读到了这本书。

　　在我和周圆决定翻译此书后，因为一些原因一直没有真正启动翻译工作，直到被我的好友张国强催促。从合情合理的领导力模型会给中国民营企业带来的影响，到翻译出版的基本常识，国强给予了我非常大的帮助。张国强虽出身于出版界，但在过去的十几年中，他谙熟各种中国民营企业的管理和发展状态。与他讨论各种企业的发展历程和管理思想，能让我不断刷新自我的认知。

　　还有一位特别感谢的人，就是我曾经的同事，后成为好朋友的李纪花（花花）。

花花在得知我正在翻译后，几天内就读完此书的英文原版，随后便成为"翻译项目组"（我、周圆、国强、花花）的义务协助员。她拥有多年华为以及远景能源人力资源管理岗位的深厚经验，从最初校稿到处理各种文件，都给予了我很大的支持。

最后，再次感谢张国强、周圆、李纪花（下图从左到右）。

序

20世纪80年代末，南非金矿的7万名矿工被问及他们是否信任矿上的管理层，与预期相反的是，虽然当时行业中劳资冲突盛行，但结果并非普遍那么糟糕。

有些矿山的管理层深受信任，毫无例外。在这种情况下之所以如此，是因为人们认为管理层（无论是个别的，还是团队的）真正关心员工的福祉。

员工衡量这种关心的真假，并不是取决于管理者沟通的复杂程度，也不是取决于企业的人力资源政策和程序。相反，这种信任是依据员工目睹管理者做出的决策而树立或削弱的。当管理者选择将员工利益置于自身利益之上时，他们就赢得了员工的信任；相反，当管理者追求自己的利益而无视员工的需求或担忧时，他们就会失去信任。

我们发现，管理者的优劣最终取决于我们在合情合理的领导力（Legitimate Leadership）所称的意图或动机上，取决于他们与员工建立的"给予"或"索取"关系的程度。他们越是被认为在这种关系中是在为员工"给予"，而不是从员工那里"索取"，他们就越值得被信任。

30年过去了，员工对企业负责人的信任程度仍然至关重要。这是因为，时至今日，员工只有在信任那些对他们行使权力的人的情况下，才会付出额外的努力，才会接受变革。

但问题是，在南非黄金开采业进行的开创性研究中得出的原始结论是否同样经

1

受住了时间的考验？这个结论是关于信任管理层的。

事实上，它们已经得到了证实。首先，2020 年 5—6 月，正当新冠病毒肆虐全球之际，合情合理的领导力组织在其全球客户群中开展了一项诊断活动，结果证明了这一点。其次，根据 2015—2023 年在全球范围内开展的领导力审计（包括 230 多项调查中的 17 000 多份回复）中关于合情合理的领导力的标准，对直接汇报人认为"领导行为和实践有所改善"的原因进行的统计分析也已经表明了这一点。

在 7 个行业的 16 个组织中进行的 300 个客户采访显示，在新型冠状病毒感染疫情期间，大多数有着合情合理的领导力的管理层的被信任程度有显著提高。

其中值得注意的原因是，信任度提高，是因为管理层真正关心员工的福祉，将他们健康和安全放在首位——无论结果会受到什么影响。此外，领导者还表现出对个体的关心，与他们保持联系，了解他们在这种情况下的表现，并花时间做对他们而言很重要的事情上（如让他们知情并赋予他们新的职责）。最重要的是，对他们的员工来说，得到关心和培养，比工作或收入保障都更重要。

20 世纪 80 年代末的信任研究统计分析也证实了这一点。当人们说他们的"经理能够激发出他们的最佳潜能"时，他们的经理是"一个非常有效的教练"，能够"为员工提供所需的支持"，即使"这样做很困难"，以及"对员工的努力和贡献表示真诚的赞赏"。

另外，与领导力提升相关性最小的项目是"考虑到我的贡献，我认为我的报酬是公平的""我的工作量让我不断接受挑战，但不会让我不堪重负""我有足够的资源（工具、物资、材料等）来完成我的工作"。与最初的调查结果完全一致的是，获得员工的信任、意愿和忠诚的途径被认为是领导者能够"给予"他们关心和成长，

序

而不是给他们更多的报酬或改善他们的工作条件。

作为一个研究合情合理的领导力的原则，以及实践超过了 1/4 个世纪的人，我很欣慰该框架的基本信念最近得到了认可。

虽然模型本身很简单，但经验表明，实施、落地、践行这个模型并不容易。10 年前，这本书是为了回答"我对这个模型有共鸣，我理解它，但我不知道如何去做"这个问题而写的。

本书中的内容并不是照本宣科，而是以原则为基础，就如何在实践中运用合情合理的领导力提出了实用的建议。多年来的实践证明，这些建议对那些肩负着领导他人这一艰巨任务的勇士们大有裨益，既能让人们成为最好的自己，又能取得所需的成果。

3

前言

合情合理的领导力（Legitimate Leadership）模型起源于 20 世纪 80 年代，在南非矿业商会（Chamber of Mines South Africa）支持下，对南非金矿"冲突和信任"进行的研究。

20 世纪 90 年代初，我和我的同事们在当时世界上最大的商业炸药工厂里接触到了这一模型。这个模型的基本原则为这家公司的转型提供了引导性核心概念，这家公司受困于生产率、质量，尤其是安全方面等问题——其核心问题在于领导力的失败。

当时，我和我的同事们得到了两个重要的启示：第一，作为领导者，我们是为员工服务的，而不是相反；第二，在领导他人的过程中，你也会成长，你会充分发挥自己作为人的所有潜能。

在过去的 30 年里，我一直与领导者个人和领导者团队合作，在全球各地实施合情合理的领导力模型。我始终坚信以下观点是正确的：自我成长与成功领导他人之间有着密不可分的联系。

本书力图回答两个问题：

1 企业的领导者需要做什么才能赢得员工的信任和忠诚？否则，就不可能取得卓越的成就。

2 是什么让领导者的个人修养得以提升？领导者如何利用领导他人的机会得以自我成长？

1

本书分为五个部分。

第一部分概述了合情合理的领导力模型，重申了建立该模型的关键原则，同时，还阐述了领导者在与直接下属的日常互动中，如何接受考验，并在此过程中不断成长。

随后的三个部分涉及实施贡献和问责制。它们解决了促进卓越贡献的关键变量：提供方法（第二部分）、赋予能力（第三部分）和培养责任感（第四部分）。

最后一个部分讲述在一个组织中实施、践行合情合理的领导力的原则，以及实用性的实践。这是多年来在超过 27 个国家和地区的各行各业的不同组织中开展的许多干预措施的结果，提炼了成功践行合情合理的领导力干预措施的决定因素。

如果读过本书，且践行了合情合理的领导力模型，并获得了一些共性的经验，而这些对关心在这个过程中成功领导他人并改变自己的人有帮助，那么，本书就达到了它的目的。

目录

1

第一部分 ━━━━━━━━━━━━━━━━━

合情合理的领导力模型

领导力不是为了达成目标结果，或通过他人完成工作，而是通过达成目标结果和需要完成的工作，来培养优秀的人才。

2

第二部分 ━━━━━━━━━━━━

提供方法

领导力的关键职能之一，是能为下属提供赋能的环境。在组织层面，意味着组织中的每个人都需要被给予。

3

第三部分 ━━━━━━━━━━━━

赋予能力

员工做出贡献的第二个先决条件是员工有能力做出贡献。能力，意味着人们既知道"如何"，也知道"为什么"做出他们需要的贡献。

4

5

1

第一部分

合情合理的
领导力模型

合情合理的领导力（Legitimate Leadership）模型起源于 20 世纪 80 年代末，是在南非矿业商会研究组织的支持下，对南非采矿业的管理层与员工冲突方面进行的初步研究。

初步研究促使了一个框架的形成，该框架用于理解在企业管理中领导力的先决条件。这个先决条件是：管理者只有关心员工，才能赢得员工对他们的信任。这项研究明确地表明，管理者，无论是个人还是集体，被接受或拒绝的根本，是他们对员工福祉的感知和关心程度。值得或者不值得被信任，支持或者不被支持，都是建立在此基础上。

从那时起，事实不断证明，在任何一个群体中都有两种人群：反建制群体和亲建制群体。这两个群体永远存在。然而，积极群体的规模直接取决于员工对领导意图的看法。

当一个企业的领导者是乐善好施的，他们会乐于给予，或为其员工尽职尽责，这种给予与其说是给予他人，倒不如说是自我给予。员工心甘情愿地为那些对其行使权力的人工作，但前提是他们必须做到两点：当权者真正把他们的下属当成人来关心，而不是当作人力资源；他们还能赋能员工，让自己的员工实现自我价值的最大化。

换句话说，要求别人交付的权利是自己争取来的，并不是因为你给别人发了薪水，而是赞同"关心与成就"他人的准则。

所谓合情合理的领导力模型，是在现代组织中为领导力倡导了另一种方法。这种方法认为，领导力不是为了达成目标结果，或通过他人完成工作，而是通过达成目标结果和需要完成的工作，来培养优秀的人才。

在第一章中，合情合理的领导力模型以不同的方式挑战了传统的管理假设和习俗。针对每一项挑战都提出了替代方案，这些方案共同构成了支撑合情合理的领导力模型的四个核心原则。最后，界定了每个合情合理的领导力原则的实际意义。

领导者在履行其职责时，无论是意图还是目的，均体现在其每天发号施令的情形中。在第二章中，定义了每种命令情形下的意图测试，随后揭示了在每一种命令的情形下，领导者需要做什么才能通过意图测试，从而获得其员工的信任、意愿和忠诚。

第一章

超越管理

　　三十年前，埃茨科·舒伊特玛（Etsko Schuitema）在他的
Beyond Management 一书中，就当前管理习俗持续存在的可怕
后果发出了警告。他接着提出了一套在当时看来很激进的规范替
代方案，这些替代方案共同构成了合情合理的领导力模型的核心
原则。

雇主和雇员关系的本质

雇主和雇员之间的关系通常被看作一种买卖关系，即用 X 焦耳的劳动换取 Y 单位的货币，与任何贸易关系一样，这种关系的关键是：价格。

首先，从表面上看，这似乎是正确的。双方之间达成的交易在雇佣的劳动合同中已经正式确定，其中规定了双方的权利和义务。

其次，与任何贸易一样，似乎是用一种商品（货币）来换取另一种商品（劳动力）。这种被称为"劳动力"的东西具有商业价值，因此，人便被称为"我们最宝贵的资产"，也被称为"人力资源"，不幸的是，人力资源和其他资源一样，都是企业的成本，必须加以管理。

最后，供给和需求的市场力量显然也适用于劳动力市场。在劳动力充足的地方，劳动力价格低廉，因此容易得到调配，且不易被雇佣；在劳动力短缺的地方，就会出现"人才争夺战"，雇主们为了获得和留住这一宝贵资源，竞相出价，并导致成本飙升。

对传统智慧的挑战和替代方案

不过，有两种方式可以对买卖关系的假设提出质疑：

1 买卖劳动力是不可能的。	**2** 双方是不平等的。

首先，劳动力可以买卖的说法就是一个谬论。产品或服务可以交易，但人不能——至少自奴隶制废除之后不能。

人的努力和专业知识是不可能独立于人身之外的。无论组织是否愿意承认，劳动力都是人。

其次，买卖关系中隐含的意思是，交易发生在平等的双方之间，即使商定的价格受到双方相对议价能力的影响，任何一方也都不隶属于另一方。因此，双方都不必对对方负责。

最后，在雇佣关系中，双方并不是平等的。这是因为雇主有权要求雇员做事，对他们行使权力。为了换取每月某个预定日子的工资回报，雇员每天都必须服从管理者的指令，服从对他们行使权力的人。

因此，雇主和雇员之间的关系不是一种买卖关系，而是一种权力关系。

权力关系中的问题不在于价格，而在于合情合理性。它是指拥有权力的人，在要求向其汇报工作的人做某些事时，其权威是否被接受。

> ### ① 公理一
> 雇主和雇员的关系，不是一种叫作劳动力的商品价格，而是一种权力关系的合情合理性。

公理一的含义

第一条原则的主要含义是：要想指挥他人，就必须接受被指挥。只有在大多数人同意的情况下，才能在工作场所发挥指挥的领导作用。

在这种双方关系中，决定到底愿意被领导到何种程度的是员工，而不是管理者。归根结底，管理者所拥有的权力，只有员工允许的那么多。

管理层要明白，在任何时候他们所处的位置，是员工对其权力的态度从"完全拒绝"到"完全接受"的总体氛围影响的。当这些当权者被接受时，他们在董事会之外的名声就会受到欢迎，员工也会把自己关注的事情分享给他们，而不是告诉员工代表或人力资源部门。这样，员工就会遵守管理层的决定，即使受到纪律处分，也不会抱怨。普通员工在做了管理层期望做的事之外，还会做得更多。

因此，任何当权者面临的关键挑战都是如何建立并维持这种权威的合情合理性。

总结一下：

雇主与雇员之间关系的性质	
传统	**挑战**
是买卖关系； 是价格问题	劳动力是不可能被买卖的； 两者不平等； 是合情合理的问题
公理一	**含义**
雇主和雇员之间不是一种叫作劳动力的商品的价格问题，而是一种权力关系的合情合理性的问题	要想实现指挥他人的目的，就必须接受被指挥；领导力的关键挑战是如何建立和维护其合情合理性

权力关系的合情合理性

目前，人们对管理者的工作内容和对成功的要求，有许多假设和执念。

人们普遍认为，这些当权的管理者的工作是通过他人来实现其结果、愿景或成就的。由此可知，管理者自己不做工作，而是让他人来完成。管理者这样看待自己的角色并不奇怪，因为一般来说，管理者都是通过他们员工取得的成果被衡量和奖励的。

此外，管理者认为，他们有权要求员工交付工作成果，因为他们给员工支付了薪酬和／或任命了员工在科层制度中的地位。当员工与企业签订了劳动合同，他们就有了履行雇佣关系中劳动合同约定的义务。如果员工没有到岗工作，管理者就有权终止员工的劳动合同。

最后，管理者普遍认为，取得成就的途径，是熟练地使用了他们所掌握的一系列管理工具——从目标、截止日期、预算、直接指导和绩效评估，到鼓舞人心的愿景宣贯、公众的认可、激励措施和良好的口头沟通等。

这些可能性似乎无穷无尽。然而，实际上可以归结为：他们使用了强制或说服的手段来达到预期的效果。他们使用了"硬"的方法和"软"的方法，让员工做管理层要求他们做的事情。

最有效的管理者是那些最擅长运用这些管理工具或策略的人。他们知道在特定情形下使用哪些策略最好，因此，在使用这些方法时可称为多面手。因此所谓的"情境领导力"，在各管理学派中备受欢迎。

然而，据称那些最成功的管理者更多依靠的是说服，而不是强迫。这只是因为从长远来看，他们知道说服比强迫更有效。

因此，当谈到员工激励时，成功的原因是智商、个人魅力、人际关系技巧和风格的结合。

对传统智慧的挑战和替代方案

有许多根本性的挑战需要提出。

▶ 使用"大棒"和"胡萝卜"，会产生不可避免的后果

人，可以在"软硬兼施"下有业绩表现。然而，随着时间的推移，同时使用"大棒"和"胡萝卜"会产生不可避免的后果。

所有形式的强迫，本质上都是通过恐惧来激发的。可以理解的是，人们觉得自己是被强制、被胁迫，甚至被欺凌去做一些事情时，他们会服从；但这只是为了避免不这样做会给他们带来负面后果。胁迫性手段会产生抵触，会滋生一种"我会照你说的做，我希望它失败"的态度，最终，人们只有冷漠和拒绝承诺。

而"胡萝卜"则迎合了人的贪婪心理。员工会做出想要的反应，但只是为了得到他们想要的东西。与人们普遍认为的相反，事实上，"软"方法往往比"硬"方法导致更糟糕的反应。无论说服者的技巧如何，那些被说服或受到积极影响的人都不会上当，他们会感觉到自己被操纵了。正因为如此，他们的反应不仅仅是抵制，而是报复，是为了让对方得到应有的下场。

随着时间的推移，说服会导致敌意、双方关系中的冲突，而不是和谐。在这种关系中，双方都只是为了实现自身利益的最大化，以尽可能少的付出换取尽可能多的回报。

员工对"大棒"和"胡萝卜"的反应是可以预见的。这是因为所有人都有抵制胁迫的天性，当感到自己被操纵时，就会进行反抗。

▶ "大棒"和"胡萝卜"的作用是有限的

强迫和说服确实有效。通过使用惩罚和激励措施，生产率大幅提高的例子比比皆是。

然而，这两种方法的收益都很有限。原因显而易见：员工之所以按要求行事，是因为他们"不得不"，而不是"想"。面对强迫，他们会因为害怕受到惩罚而按要求行事；在某种形式的诱惑下，他们是为了得到而付出。

这两种策略都会让员工有所行动，但不会让员工心甘情愿。只有处于"大棒"或"胡萝卜"的任一情形下，员工才会付出；没有"大棒"或"胡萝卜"，他们就会无动于衷，产生惰性。

▶ 这不是"是什么"或"如何做"，而是"为什么"

与流行的观点相反，管理工具是否有效，既不取决于"是什么"，也不取决于"如何做"。积极的结果并不是因为选择了"正确的"管理工具，也不是因为以足够的技巧执行了该工具。起决定性作用的是其他因素，即"为什么"，它位于"做什么"和"怎么做"的背后。

管理者成功的核心变量不是行为，而是动机。这是因为，作为人类，我们在任何互动中回应的都不是对方的行为本身，而是我们认为行为背后的意图。

我们之所以心甘情愿地服从外科医生的刀，却抗拒强盗的刀，是因为我们认为他们的意图不同。我们知道持刀行凶者是来伤害我们的，但我们相信医生给我们带来的痛苦和不适是为了治愈我们的身体。

从本质上讲，意图是关于谁的利益得到了满足。一方面，恶意的意图是关于追求自我利益，它是自私的；另一方面，善意的意图是为了他人的最佳利益而采取的行动。

因此，只有当员工确信那些当权者把员工的最大利益放在心上时，他们才会产生信任。也就是说，当他们认为管理层是为了给他们带来好处，而不是为了从他们身上索取一些东西时，彼此之间才会有信任。

在这种情况下，当权者才拥有权力，是真正有影响力的人。在没有权力的情况下，管理者只能靠控制。

▶ **要求员工交付结果的权力不是通过支付工资获得的，而是通过遵守一些准则而赢得的**

管理者首先必须要给予员工，来赢得他们要求员工交付结果的权力，可以归结为两点：管理者必须真正关心下属，必须把自己的员工当作人来关心，而不是把他们当作帮助企业发展的人力资源；管理者必须使员工能够实现自我价值的最大化。

因此，要让员工真正愿意服从命令，付出的代价不是金钱，而是关心和成就他们。这才是当权者行使权力的合情合理性所在。

这同样适用于任何当权者——警察、军官、医生、父母、教师，甚至体育教练。任何权力关系，只有在其目的是关心和成就他人的情况下才是合情合理的。

▶ **领导力的产物不是结果，而是卓越的人**

领导者的工作不是通过他人取得成果，领导者不产出结果，他们的产出是造就卓越的人。

在这里，教练的类比很有用。参加比赛的是球员而不是教练，是球员最后把结果"写"在了记分牌上。然而，比赛的方式和比分的结果与教练并非毫无关系。比赛和比分不是教练的工作，它们只是教练的工具，是教练所需要的重要信息，也是教练用来赋能球员的工具。

2　公理二

任何权力关系，只有在其目的是关心和成就他人的情况下才是合情合理的。

公理二的含义

公理二有三个关键含义。

▶ 必须从根本上改变**管理者与员工**的关系，从以管理者为中心转变为以员工为中心。直接下属不再是为上级服务的。**管理者**是为**员工**服务的。传统的汇报关系必须转变为辅导关系。从上级到下级的服务关系必须完全倒置。

▶ 合情合理的权力关系，必须存在于组织的每一个层级。每个担任领导角色的人都需要关心和成就那些直接向他汇报的人。因此，每个管理者有多少人直接向他汇报工作，他就有多少项这样的领导工作。只有当指挥系统中的每个人都做到合情合理时，指挥系统才会强大。如果层级中的任何管理者做不到这一点，就会成为指挥系统中的薄弱环节，并危及层级中其他管理者合情合理的权威性。

▶ 必须改变考核和奖励领导者的标准。考核和奖励管理者的标准不应该是他们从员工身上得到了什么，而是他们给予了员工什么。判断领导者的主要标准，不是个人或商业成就，而是他们的能力，是他们所领导的员工的素质，是他们在多大限度上帮助员工取得了成功。

总结一下：

权力关系的合情合理性	
传统	**挑战**
管理者的工作是通过他人达成业绩结果；管理者有权命令员工付出，是因为他们支付了员工工资，或者，他们是员工的老板；智商、个人魅力、人际交往技巧以及风格是成功的原因	领导者的工作不是为了取得成果，而是为了培养杰出人才；要求员工付出的权力是靠关心和成就员工的程度而赢得的；作为管理者，成功的核心因素不是技能或行为，而是他的意图

公理二	含义
任何权力关系，只有在其目的是关心和成就他人的情况下才是合情合理的	关系的转变是从以管理者为中心向以员工为中心的转变； 在科层制的每一个层面上，都必须有合情合理的权力关系； 评判领导的首要标准是其下属们的能力

授权 / 成长

当涉及授权的含义和授权的过程需要什么的时候，合情合理的领导力模型再次与传统观点相左。

它对以下观念进行了挑战：授权既是员工参与的同义词，也是民主的同义词；授权可以一蹴而就，也可以将授权与问责分开。

对传统智慧的挑战和替代方案

▶ 授权不等同于员工参与

参与式管理已流行多年。它的产生源于管理层认识到，基层员工中蕴藏着许多好的想法，但这些想法大多未被利用，因此企业无法获得这些想法。

获得这种集体智慧的方式是通过实施员工参与计划、质量圈等方式。从这个意义上说，赋予员工权力意味着与他们分享信息，而这些信息以前都是管理层的专属领域，然后听取员工对所获数据的看法和意见。

然而，授权远不止于员工参与。真正的授权，要求领导层不是征求员工的意见，听见他们的心声，然后再做决定，而是让员工来做决定，并接受他们的决定，即使这与领导层做出的决定相悖。

因此，按照定义，放弃权力但仍然保持控制是不可能的。当权力被移交时，控制权也随之移交。真正的授权意味着放弃权力，赋予员工权力的必然结果就是剥夺管理层的权力。

▶ 授权不等同于民主

民主，就是由人民来决定。此外，在"一人一票"的民主制度中，人人都是平等的。

然而，授权的先决条件是不平等，而非平等。当权者要放弃权力，首先必须拥有权力。在权力能够被赋予并使其合情合理之前，直接下属与其管理者之间必须不平等。

对于任何当权者来说都是如此，如父母、老师、教练或管理者。如果没有必要的权力，他们就无法使自己的下属成为有用之才。

当教师失去管教学生的权力时，学生就无法再学习，因为老师不能专心教学，她需要忙于维持课堂秩序。同样，如果禁止父母约束孩子，他们就会培育出"怪物"，而不是适合社会的年轻人。

因此，授权并不是用民主行为取代专制行为，因为，在任何合情合理的权力关系中，两者都有存在的空间。

当我们考虑自己愿意为谁工作时，就能清楚地看到这一点。"想要"的老板可以通过倾听、平易近人、支持和同情等方式，表现得温和与民主；同样，他也可以独断专行、制定方向、分配责任、采取纪律处分等。

尽管如此，那些接受"想要"老板专制行为的人，还是会毫无疑问地接受这种行为。因为他们凭直觉认为，专制行为的原因与老板的授权有关，老板对他们的强硬，是以他们自己的最高自身利益为出发点的。

换句话说，专制行为可以是合情合理的，但，前提是只有当它被视为有授权意图的时候。

▶ 授权不是一个瞬间的过程

有一种误解认为，人要么被授权，要么没有。换句话说，这种控制权要么掌握在一个人（管理者）手中，要么掌握在另一个人（直接汇报人）手中。还有一种情形是控制权的移交，通常人们认为它在某种限度上是瞬间发生的，然而，事实并非如此。

在一种极端情形下，强行控制，再加上试图永不放手，显然是一种权力剥夺。这就好比坚持永远牵着婴儿的手一样，孩子永远也学不会走路。与此同时，瞬间完全停止控制权，也是一种权力剥夺，就如放开了孩子的手，甚至在他还不能独立行走时，你却只站在房间的角落，那也等同于没有赋能给孩子。

在这两种中的任何一种情形下，孩子都无法独立行走。

在此情境下，成年人可以先牵着孩子的手，然后放手，但要站在旁边，最后再退后一步，让孩子独自行走。也就是说，这不是瞬间的完全停止控制，而是逐步减少控制，以赋能给孩子。

我们从大自然中认识到——成长不是一蹴而就的，种子不会在几个小时内长成成熟的植物。同样，人类成年的过程至少需要 21 年的时间。

因此，在合情合理的权力关系中，所行使的控制程度必须与被授权者的成熟程度相匹配。起点是被授权者目前的成熟水平。随着被授权者的不断成熟，控制的程度就减弱，变得不那么严格。

控制只是授权过程中的一种工具，是方法，而不是目的。

▶ 影响授权的变量有三个，而非两个

授权是一个促成贡献的过程，是培养"给予者"的过程。如果人们没有做出贡献的"方法"，他们就无法做出贡献；理论上说，就是他们没有被允许"给予"。在一个组织中，授权意味着通过为人们提供必要的方法、资源、信息、权威、支持和标准，使他们能够有所作为。

同样，要想做出贡献，人们必须有"能力"给予。他们需要从管理者那里了解"如何"完成要求他们做的事情，以及"为什么"要这样做。

一般来说，管理者认为，在解决了"方法"和"能力"这两个变量之后，他们的授权工作就完成了。打个比方说，提高一个人的捕鱼能力，需要给他提供工具，并请专家教他捕鱼。有了适当的装备和能力，他就能通过捕鱼养活自己和家人了。

这就可以了吗？不，不是的。在这个过程中，缺少的是第三个关键变量——"问责制"。在某些时候，这个渔夫必须被告知：

"如果你钓不到鱼，非常抱歉，你只能挨饿。"

调动人们贡献意愿的是问责制。问责制的核心是一个标准。一个人的贡献可以高于标准，也可以低于标准。当一个人的贡献高于标准时，要么是此人付出了额外的努力，奖励此人是合适的；要么是此人小心翼翼地达到了标准，也应该得到认可。同样，如果一个人有方法，且有能力，但贡献低于标准，则会有两种原因：要么此人不够细心，应该受到批评；要么此人有不善之意，这就需要对此人进行惩戒。

授权，意味着要处理授权过程的方法、能力、问责制这三个方面，且依照这三个方面的顺序进行充分考虑，否则授权就不会发生。

③ 公理三

授权，意味着逐步减弱控制，以使其能够得到真正的授权。

公理三的含义

公理三对组织内部的整个权力和控制都有着重要的影响。如果我们把控制定义为"管理预测结果的意图"，很明显，在任何组织中，都有无数的机制服务于这一目的，这些机制共同构建了该组织的系统和结构。

实施公理三后，对系统和结构来说，不是说它们不再存在，也不是说组织中的所有控制都被彻底废除，实际上，它相当于是对组织本身的一种解构。

相反，当管理层应用逐渐减弱控制的原则时，以下情形会随之发生。

▶ 决策权从中央和上层逐步下放至下层。与此同时，随着时间的推移，对组织设计进行一系列微小、有限的调整也会导致科层制度的扁平化。

▶ 逐步放宽规则和流程，取而代之的是更宽泛的政策和指导方针。业务流程中的控制措施也更少，而不是更多。

▶ 员工职能的角色发生了变化，因为他们从审计和合规中解脱出来，把时间和精力重新投入被授权的工作中。

这些变化的发生不是一次性的，而是持续不断的。无论是在组织架构，还是系统方面，都没有最终的解决方案。随着环境的变化和人的成长，会发生微小、离散的变化。

第三公理也对组织整个问责制产生影响。授权，意味着既要交出控制权，也要用问责制取代控制权。

首先，在实践中，这意味着只要赋予了权力，也就赋予了可问责性。在给予人们不受控制的自由之前，必须在自主权和问责制（包括积极的和消极的）之间建立紧密的联系。

其次，这意味着当出现偏离标准的情况时，最合适的做法是找出偏离标准的责任人，并让他们承担相应的责任，而不是对每个人都实施控制。

只有当管理者的行动与这一洞见保持一致时，授权过程的真正成果才有可能实现，即人们专注于做正确的事，并对自己所做的事负责。

总结一下：

授权 / 成就	
传统 授权是员工参与、民主的代名词； 有可能在一夜之间授权，并将授权与问责分开	**挑战** 授权不等同于员工参与； 授权不等同于民主； 授权不是一个瞬间的过程； 没有问责就不可能授权
公理三 授权，意味着逐步减弱控制，以使其能够得到真正的授权	**含义** 决策权的下放和科层制度的扁平化； 从程序导向转变为以政策为导向； 更少而不是更多地控制； 增强授权的支持职能； 用问责取代控制

逐渐成熟与成熟

当领导者成功实施合情合理的领导力模型的前三个公理时，他们的员工会随着他们的成长或成熟而发生变化。

在当今的企业界，人们认为员工的成长反映在员工的名声、财富或事实的积极变化上。换句话说，随着员工的成熟，员工会"获得"更多的知识、权力、地位和回报等。

合情合理的领导力模型提出了逐渐成熟和成熟的另一种观点，这对组织的领导力具有深远的影响。

对传统智慧的挑战和替代方案

▶ 逐渐成熟，是一个无条件的、有给予意图的过程

成熟的人与不成熟的人恰恰相反。逐渐成熟，是指从一种状态（不成熟）到另一种状态（成熟），它是个人从"索取"到"给予"的转变。不成熟的人是来索取的，成熟的人是来给予的。

"索取"与"给予"的区别在于意图。当一个人看似给予，但却没有给予的真正意图时，那他就不是在给予，而是在从中索取。当一个人在给予时的意图是为了回报时，他同样也不是在给予，而是在进行投资。只有当一个人在给予时内心没有索取的意图，也不期望得到任何回报，他才是真正的给予。只有无条件的给予，才是真正的给予。

不成熟，是指不断地寻求和渴望"得到"更多；成熟，是指越来越有决心和准备无条件地"给予"。

▶ 意图与注意力之间存在联系

一个不成熟的人和一个成熟的人，在意图上的差异体现在他们所关注的事物

上。面对同样的情况，不成熟的人和成熟的人关注的东西是不同的。

不成熟的人关注的是在什么情况下对他最有利，他的行为是迎合时势的。而成熟的人关注的是正确的事情，即使这既不方便自己，也不符合自己的最佳利益。但这并不意味着成熟的人没有需求，而是意味着他可以暂时搁置自己的需求，为高于自我利益的原因而行动。他的行为是由价值观驱动的，而不是由需求驱动的。

不成熟的人的注意力是自己的期望上，而不是在这种情形下对他的要求。成熟的人关心自己应该做什么贡献，在这种情形下应该给予什么。成熟的人客观地看待自己的期望，权衡这些期望与应该做出的贡献，并采取相应的行动，三思而后行。

不成熟的人专注于他的"权利"，他认为应该得到，或有权得到什么。成熟的人则专注于他的"责任"。当不成熟的人没有得到他认为应该得到的东西时，他会指责他人或自己以外的力量；成熟的人对他自己所处的周遭环境负责。

▶ 不成熟的人专注于结局，专注于想要的结果或成果

不成熟的人努力控制对方或局势，以获得想要的结果。成熟的人不太在意结果，他关注的是方法或过程，而不是目的。

一个人的注意力所集中的地方，对他以及他与他人的关系都会产生影响。

不成熟与软弱之间有着千丝万缕的联系，当一个人考虑到自己处于"在这里索取"的状态时，这一关联就显而易见。一个人想"得到"的显然并不掌握在他自己的手中，他实际上是从"他人"那里得到"自我"。

一个不成熟的人，因为他总是要得到什么，所以总是有需求，并受制于他人扣留他想要的东西的能力。不成熟的人容易受人操控。

此外，一个不成熟的人有一种外部控制取向，由于其专注于无法掌控的事情上，他会变得软弱，他的感觉和行为总是像个受害者。

不成熟的人，本质上把别人看作达到他目的的手段，这种人通常不礼貌、不尊重人、贬低他人。他只关心自己的事情，因此被视为自私和傲慢。

他对自我利益的追求会导致其他人的抵触情绪。他与生俱来的好胜心使他

与他人的关系会出现冲突和不和谐。久而久之，不成熟的人不仅会毁了别人，也毁了自己。

另外，成熟与力量有关。这主要是因为成熟的人注重力量的源泉：他自己掌控的事情，以及他能够控制的事情。因此，他不容易被操纵，也就无法被控制，因此他是自由的。

成熟的人能够保持克制，延迟满足。他善于倾听他人的意见，因此在他人看来，他是通情达理、理性客观的。他以礼貌、谦逊和尊重的方式与他人相处，因此，别人会尊重他。他的人际关系是合作性的，而不是竞争性的。因此，他与人的相处是有效的，是建设性的，是相互肯定的。

▶ 给予不在于好，而在于适度

一个"乐于奉献"的人不一定会把自己所有的财产都捐给慈善机构，也不一定会让自己经常被别人占便宜。给予不是一味地讨好，而是要恰如其分。

从本质上讲，给予意味着无条件地做需要的事情。因此，给予有两种表现形式：慷慨和勇气。这两种形式都需要冒险。

当一个人表现得慷慨时，他是在拿自己的事情冒险；当一个人表现得勇敢时，他是把自己置于危险之中，而不是把事情置于危险之中。在这两种给予的形式中，勇气显然更难，因为可能付出的代价要大得多。因此，在任何情况下，一个人的成熟程度都取决于其无条件投入的程度。

4 公理四
成熟，意味着服务，意味着用慷慨和勇气去做事。

公理四的含义

人衰老的过程是被迫的，但逐渐成熟是自愿的。一个人是否慷慨或勇敢，是可以选择的，任何人都可以是给予者或索取者。

因此，任何工作场所都有成熟和不成熟的人，在整个组织和层级中都有给予者和索取者。成熟的员工有服务意识，他们忠诚、可信赖、敬业，愿意为追求组织目标而无条件付出。

成熟的领导者同样致力于为员工服务，在这样做的过程中，他们并不总是和蔼可亲，这是因为他们不能容忍平庸。他们会不惜一切代价推动他们的员工实现自己的最佳状态。一个真正为员工服务的领导者，心中有仁，铁腕强硬。

在一个组织中，如果领导者始终遵循第四条公理的精神，他们会做以下事情。

- ▶ 他们花大量时间与员工相处，给予关注，因为他们关心员工。
- ▶ 他们信任员工，并随着员工的成长而将更多的事情交给他们。
- ▶ 他们为自己，也为员工设定高标准。
- ▶ 他们梳理、评估、回顾并奖励员工所做的贡献，而不是奖励结果。
- ▶ 他们处理异常的方式，是解决引发异常情况的领导力因素，而不是实施控制。
- ▶ 他们通过鼓励员工对自己所处的情况负责，来应对受害者行为。
- ▶ 他们把工作任务作为成就他人的方法，而不是把人作为完成工作的工具。
- ▶ 他们既教员工"如何"做要求他们做的事情，又教他们"为什么"应该这样做。
- ▶ 他们将每个个体的贡献与企业的整体绩效关联起来。
- ▶ 他们在任何情况下都做正确的事情，而不是做权宜之后的事或受大众欢迎的事情。

在组织层面，公理四要求组织的系统、结构和流程重新配置，使其符合合情合理的领导力的标准。最终，企业的使命或宗旨也必须从为股东牟利转变为为客户服务。

总结一下：

成熟与逐渐成熟	
传统	**挑战**
成熟，是为了索取——无论是事实、财富、名声，还是健康； 索取就是力量的全部	成熟，是无条件地"来此给予"； 意图和注意力之间是有关联的； 力量是一种给予，而不是获取； 给予不在于好，而在于适度
公理四	**含义**
成熟，是服务、慷慨和勇敢地行事	员工，是服务于客户的； 领导者，是服务于员工的； 组织，是因服务而存在，是为了人们生活的价值创造而存在的

　　合情合理的领导力模型的根本是服务的意图。正如认同这种模型的个人和组织所证明的那样，服务意图最终造就了组织和个人的卓越。

第二章

践行合情合理的领导力的价值观

　　合情合理的领导力所带来的最初转变，是让那些身居要职的人认识到，他们是为员工服务的。领导，就是要给予自己的员工，而不是从他们身上获取什么。

　　然而，更进一步、更深刻的洞见是，领导他人与关心和成就被领导者的关系不大，而与领导者自身成长的关系更大。在领导他人的过程中，处于领导者地位的人获得了一次独特的成长机会，可以释放自己的最佳潜能，充分发挥自己作为人的潜力。

意图问题——"为什么"

"必须"型和"想要"型，两种类型的老板

"必须"型老板	"想要"型老板
通过强迫，让他们做他想做的事 在这种情形下，他们因害怕而屈从，久而久之会产生抵触情绪。	**可能会以温和、有说服力的方式** 通过倾听、平易近人、乐于助人、富有同情心的行为方式做事，这些行为称之为关心他。
或者通过说服，让他们做他想做的事 在这种情形下，他们会有任由摆布的感觉，久而久之就会与他发生冲突。	**可能会表现出强硬、强迫的方式** 通过公平、诚实、给予反馈、高瞻远瞩、指明方向、允许自由，并因此承担责任的行为方式做事，这些行为称之为成就他。

　　"必须"型和**"想要"**型这两种老板不同的关键，不在于他们的做事行为，因为这两种老板都可以采用软说服和硬强迫的方式，而是在于他们的员工／下属如何体会和感知他们的意图。这种意图不在于领导者做了什么（行为），或如何做（风格或方法），而在于他**为什么**这么做。

　　在合情合理的领导力工作坊中，我们用所谓的**"笔的案例"**来说明这一点。假设两位代表尤努斯和贾布忘记带笔来参加工作坊，引导师给他们每人一支笔，她对尤努斯说："你需要一支笔，用我的吧。"对贾布，她补充说，"但，我想让你同意我今天说的每一句话"。

　　引导师给了尤努斯和贾布各一支笔（她的行为），然而，引导师给这两个人笔的原因却截然不同。她把笔给尤努斯是因为他需要，她给贾布笔是为了从他那里得到一些回报。

只有在前一个互动中，引导师才是真正的给予。而在贾布的案例中，笔的"给予"是她为了从他那里得到她想要的东西而做出的投资。**给予只有在无条件的情况下才是给予。**

此外，当考虑到任何交易中的受益人是谁时，给予（善意的意图）和索取（恶意的意图）区别的本质就变得显而易见了。乔和弗雷德的例子非常清楚地说明了这一点。

笔的案例

"尤努斯，你需要一支笔，用我的吧。"

"贾布，你需要一支笔，用我的吧，但，我想让你同意我今天说的每一句话。"

假设，我对乔和弗雷德都要做的一项工作非常了解，因为我在 2010 年做过这项工作。

"乔，2021 年我做过你现在要做的这个工作，我的方法很有效，不要和我争论，采用我做过的方式做。"

"弗雷德，2021 年我做过你现在要做的这个工作，我的方法很有效，这也许对你有帮助，你可以看一看。"

在和弗雷德的互动中，弗雷德是受益者。因为管理者的意图是教弗雷德一些东西，为他赋能。

在和乔的互动中，管理者是受益者。管理者的意图是完成工作，而乔是实现这一目标的方法。领导者要想取得成功，就必须在任何情况下都以员工的最大利益为出发点。只有在这种情况下，领导者的意图才会被认为是善意的。

给予的意图

给予的意图并不一定是对直接下属好，或默许其一切要求，而是领导者根据实际要求做出适度的反应。

给予实际上分为两种：一种是与自我相关的给予，称为**慷慨**；另一种是自我奉献，称为**勇气**。

这两种形式的给予都意味着准备让自己承担风险，也都有潜在的损失。慷慨，意味着一个人愿意超越对失去物质的恐惧；而勇气，则需要超越对失去自我的恐惧。

在工作场所的权力关系中，慷慨不仅仅是给予金钱或资源，还包括给予时间、协助、支持、关心和理解。

勇敢的行为，可以包括提供建设性的反馈，做出不受欢迎的决定，追究某人的责任而不是实施控制，以及披露敏感信息。

给予

慷慨
（超越对失去物质的恐惧）

勇气
（超越对失去自我的恐惧）

而索取，则是指在特定情况下的不当行为。如果情形需要慷慨，但领导者却以所谓勇敢的方式来表现，那他就不是在给予，而是在索取——这是自私的；当情形需要勇气，但领导者以慷慨回应时，他又不是在给予，而是在索取，这种索取被称为懦弱。

当管理者自己面临业绩压力时，他只要求交付结果，而不问"我能帮上什么忙"，这就是自私。当他本应解雇业绩不佳的员工，却以丰厚的遣散费诱使其离职时，这就是懦弱的表现。

然而，仅仅说领导者应该以适用于特定情形的慷慨或勇气行事是不够的，因为"慷慨"和"勇气"过于抽象。与勇气有关的一切并不一定是对抗性的。例如，告诉某人他的生活伴侣在上班途中因车祸丧生是需要勇气的，但领导者的行为很难说是对抗性的。同样，并非所有与慷慨有关的事情都是贴心和包容的。

在慷慨／勇气和行为之间，有一套标准更具体地说明了适当给予的含义。这些标准就是"价值观"。事实上，给予意味着在任何情况下都要按照价值观行事，这代表要做正确的事，即使在当时看来并不是最方便或最可行的。只有当领导者做到这一点时，才是恰当的给予；如果做不到这一点，他就是在索取。

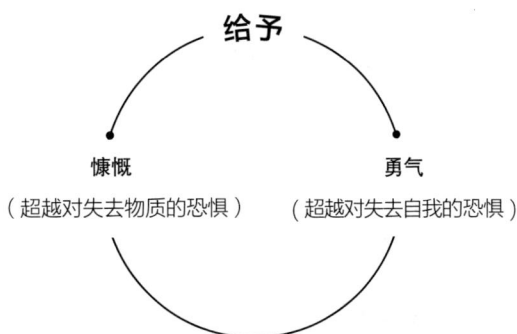

给予

慷慨
（超越对失去物质的恐惧）

勇气
（超越对失去自我的恐惧）

价值观

行为

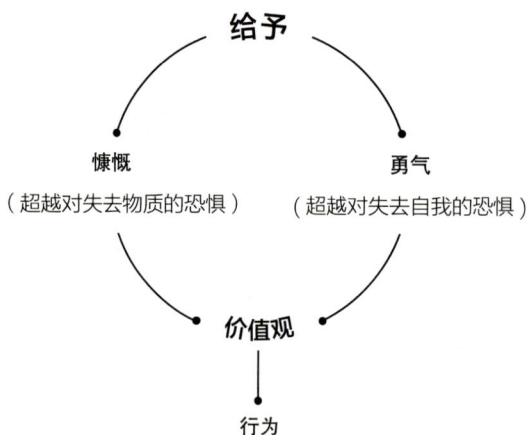

例如，在纪律处分时，起作用的价值观是公正。这里的"给予"指的是公正，而不是友善。当领导者违反了纪律的黄金法则，表现得不公正时，他就是在索取。然而，在员工伴侣去世的情况下，起作用的价值观却不是公正，使其成为"给予"而非"索取"的标准是同情或关心。

意图测试

管理者与员工之间的每一次互动都是对管理者意图的考验，管理者的真正意图会显露出来。无论是看似微不足道的，还是意义重大的互动，均如此——这可能被称为管理者与员工之间关系中的决定性时刻。

这是因为，在双方的任何交流中，管理者的行为只能受到两种因素之一的影响——他的需求；在互动中应给予的正确东西。

如果管理者根据自己的需要行事，他基本上就是把自身利益放在首位；如果他的行为是基于价值观而行事时，他的行为就会高于自身利益，关注做正确的事，而不是权宜之计。

这并不意味着管理者没有需求；如果没有需求，他们就不能称之为人了。事实上，作为人类，我们的本能反应、我们的默认立场，就是根据我们自己的需求行事。

拥有善意的意图意味着，在那一刻一个人能够超越自己的需求。在工作中，只有当领导者有意识地选择将自身利益放在第二位时，才会出现这种情况。

管理者的任何选择都直接反映了他作为一个人的成熟程度。如果他的选择是基于他想要得到什么，即使他愿意为了得到而付出一些东西，他也是不成熟的。只有当他无条件地付出，不求回报，才能称之为有成熟度。

在任何情况下，员工都会自觉或不自觉地运用一个简单的经验规则来判断管理层的意图。

规则就是：管理层能够暂时搁置他们的议程来考虑我的议程，或者更准确地说，来考虑什么是正确的。

当事情顺利时，谁得到了功劳？相反，当事情变得糟糕时，谁受到责备？管理层是否支持我，即使这意味着他的职业生涯受到影响？这是在为谁的议程服务，他的，还是我的？

任何身居领导岗位的人都会不断地受到关注。领导者所做的选择从来都不会被忽视。领导者如何选择对自己有意义的事情，比任何其他事情都更能决定他们的成败。

测试 领导者的 意图	情形	对领导者的测试
	个人问题；	关心；
	沟通；	诚恳；
	教练式辅导；	赋能；
	纪律；	公正；
	奖励；	感恩；
	咨询；	谦逊；
	团队合作；	尊重；
	授权	信任

每当领导者需要处理员工的个人问题时，他是否在真正关心员工就看出来了。当他与人沟通时，是否诚信就会受到考验。他在多大限度上愿意教练式地指导员工，在多大限度上愿意倾囊相授，这些既表明了他的慷慨，也表明了他的勇气。

表扬和奖励取决于他内心的感激之情，而他处理事情是否公正则要在纪律方面接受考验。领导者愿意倾听的程度是衡量其谦逊程度的标准。在团队关系中，问题在于团队成员之间，以及领导者与团队之间的尊重。最后，每当领导者授权给直接下属时，对他人的信任就会受到根本性的考验。

个人问题——关心测试

一个员工对其管理者的承诺也意味着是对组织的承诺，而非是对金钱和权力的追求，甚至不是对其所选择的职业承诺。在很大程度上，这些承诺是管理者对员工作为个体的关心和关注。

当直接下属遇到个人问题时，管理者的关心是否真诚，可能比任何时候都更受到考验。当出现真正的个人问题时——如亲人去世、离婚、重病——其管理者是否注意到了？是否关心了？

在这种情况下，管理者应该做什么，不应该做什么，是需要好好斟酌的。对于有个人问题但不愿意讲出来的员工，管理者是否应该上前询问？这会不会侵犯员工的隐私？什么时候是询问的最佳时机？应该如何处理敏感话题？与其他人谈论这个员工的个人问题是否合适？尤其是当这位员工明确要求管理者把这件事情仅能保持在他们两人之间时。

对于这些问题都没有一个明确的答案。事实上，真正关键的问题不是"何时""何处""如何"，而与管理者"为何"有关。

在合情合理的领导力工作坊中，我们会通过以下真实故事与学员交流。

某家公司的销售总监、销售经理和销售代表们在郊外参加年会，其中一位销售代表在会议的连续两个晚上，公开、独自地喝下了一整瓶白兰地。尽管如此，他并没有变得粗鲁或以任何方式让别人感到难堪和尴尬，且他准时参加工作会议，并全力以赴。

对此最初的反应，尤其是在销售人员中，可能是类似"只有一瓶？"这种开玩笑的话，很少有参会者觉得，如果他们是这个人的经理，看到这种情况时他们会和他谈谈。他们认为，销售代表的行为没有任何不妥，无论如何，在这样的活动中，放松自己的情绪是很常见的。

> 这个销售代表恰好是这个行业中的王牌销售人员，他很有经验，他的客户们都喜欢他，这些从销售数据里能看得出。不过，他通常在一天工作快结束时，会邀请客户小酌一下，一瓶白兰地下肚后，他很明智，会为自己预订一个酒店房间，而不是开车回家或继续下一场约会。

在这一点上，参会者的反应往往相当震惊。有客户抱怨过吗？谁为白兰地买单？公司是否承担酒店的费用？只有少数参会者说，他们会和他谈谈。更少的人会出于对他家庭生活的担忧或饮酒可能对他健康产生影响的顾虑而这样做。

> 最终的结果是，销售总监，而不是他的直接经理选择和他谈谈。他把在会议上目睹的一切都摆在了桌面上。这个销售代表非常抵触："为什么你要和我谈这个？你对我的销售业绩有意见？"销售总监这样回答他："完全没有，之所以我把这个问题拿出来说，是因为我关心你。"

上述这个故事挑战了雇主与雇员关系的普遍观点。这种关系不是买卖关系，也不是用 X 焦耳劳动换取 Y 单位金钱的关系。如果真是这样的话，雇员个人生活中发生的任何事情只有在影响到其工作表现时才会成为问题。

当管理者因为直接下属的个人问题影响了工作而与他谈话时，就暴露了自己的意图。管理者真正关心的不是这个人，而是能从这个人身上得到什么。个人问题和工作表现应该是两个独立的问题，互不影响。只有当关心是无条件的、与工作表现脱钩的关心，才是真正的关心。

可以说，现代组织在许多方面越来越缺乏人情味。为了不懈地追求结果，有时会对员工提出不可能达到的要求，给员工施加极大的压力，导致员工疲惫不堪。工作虽取得了成绩，但这给许多员工的身心健康和个人生活造成了巨大损失。

关心   子规则 1   **1**

个人问题

价值观 / 黄金法则

"关心，只有在无条件的情况下，才是真正的关心。"

当形势艰难时，甚至只是为了让股东满意，忠诚的员工常常被毫无良心地"赶到街头"。通用电气推出的臭名昭著的"10-70-10"公式，即每年将最底层的10%的员工清除出组织，印证了许多管理者的冷酷无情。

然而，比不关心更糟糕的是假装关心。当那些并不真正关心员工个人问题，希望员工把问题留在家里的管理者声称在关心时，那就更雪上加霜。员工宁愿他们诚实，也不愿得到他们所谓的关心。

当领导者表现出同情而不是漠不关心时，对员工兑现承诺的影响可能是压倒性的。一家汽车租赁公司的经理拒绝了竞争对手为她开出的两倍于现有薪水的工作机会，原因只有一个：当她因脑瘤住院时，她的经理白天替她工作，并在她疗养期间的大部分晚上都去医院探望她。

同样，当一位首席执行官自掏腰包为一位被醉酒司机撞倒的员工支付巨额医疗费用时，这位没有医疗补助的年轻人承诺，将在有生之年为公司奉献自己的力量。

如果员工的个人问题影响了他的工作表现，该怎么做才适度？由此，领导者的真诚就受到了真正考验，因为在这种情况下，真诚要求领导者是强硬的，而不是甜言蜜语的。

再次强调，将个人问题与工作表现分开是很重要的。在这里，领导者应无条件要求员工对工作表现负责。如果员工因为家里的问题而没有把注意力放在工作上，就应该让他明白这种做法是不可接受的。在征得同意的情况下，暂时改变标准可能是合适的，但不能永远改变，可将之称为"严厉的爱"。

关心　　子规则 2　　**2**

个人问题

价值观 / 黄金法则

"只有当人们仍然对自己的表现负责时，关心才会被视为无条件的。"

我在一个**"让人们承担适当责任"**的工作坊中强调了这一点。在工作坊中有以下情景。

> 你的一位直接下属的婚姻出现了问题，他很可能会离婚。他是一名优秀员工，你也曾对他表示同情，并愿意提供专业咨询去帮助他，但都被他婉言拒绝了。几周过去了，他的工作表现每况愈下，犯下了许多粗心大意的错误。

你该怎样做？

- 发一封信斥责他。
- 由于他糟糕的业绩，口头警告他。
- 表达你的同情，告诉他你很理解他的处境，但是你很担心他的业绩表现。
- 什么都不做，期待一旦他离婚后，他的业绩会好起来。
- 发现他偶尔做的好事后表扬他，努力提高他的士气。
- 其他。

这时，其中一位参会者共情道："这就是我的经历。我的妻子刚刚放弃了我们

27 年的婚姻，和我最好的朋友私奔了。"在随后令人震惊的沉默中，他继续说："在这个时候，我最希望我的直属经理能为我的表现替我说句话。你认为我想在工作中和个人生活中一样失败吗？"

支持一个人度过个人危机，同时依然能让他达到自己的最佳表现，这就是通过**关心**测试的意义所在。

沟通——诚信测试

关于管理沟通的第一个问题涉及管理层应该向员工传达什么信息。我对这个问题的看法是基于参与"合情合理的领导力"调查的数千名员工对"管理层应该向你传达哪些信息？"这个问题的回答。

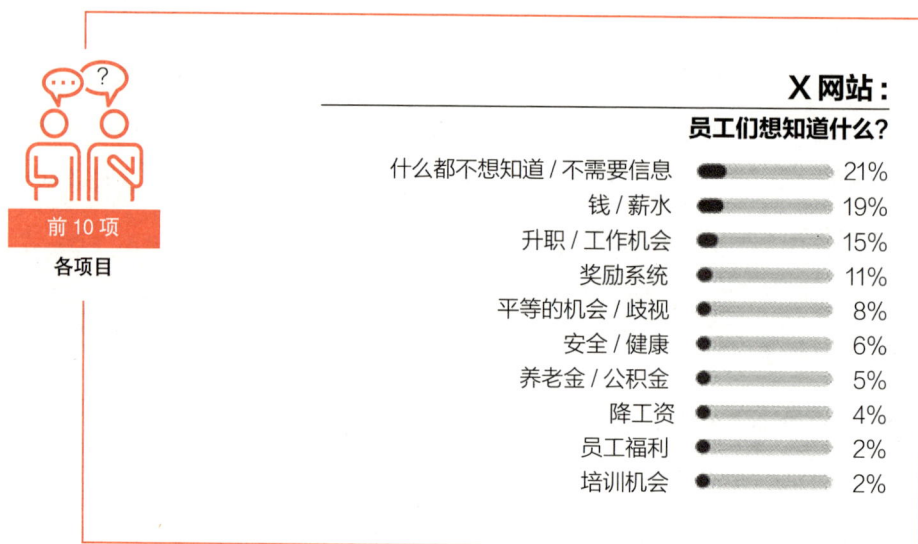

X 网站：
员工们想知道什么？

前 10 项
各项目

项目	百分比
什么都不想知道 / 不需要信息	21%
钱 / 薪水	19%
升职 / 工作机会	15%
奖励系统	11%
平等的机会 / 歧视	8%
安全 / 健康	6%
养老金 / 公积金	5%
降工资	4%
员工福利	2%
培训机会	2%

在上图所示的一个网站上的测试结果非常令人沮丧。那些想从管理层那里了解信息的人主要关心的是自己的利益——在这种情况下他们能得到什么。毫不奇怪，在这个网站上，员工对管理层的信任度极低。

幸运的是，这并不是典型的答案。从下面的例子中可以清楚地看出，员工主要关心两个问题。

▶ 企业经营状况如何？

▶ 我做得怎样？

他们对于许多公司新闻里关注的内容不感兴趣，比如社会新闻、哪个部门赢得了内部足球联赛等。

因此，有效管理沟通的前提条件是，所沟通的内容与员工息息相关。定期通报公司的财务业绩，以及员工对公司整体成功的贡献是员工最感兴趣的内容，也是最可以对他们提供帮助的内容。

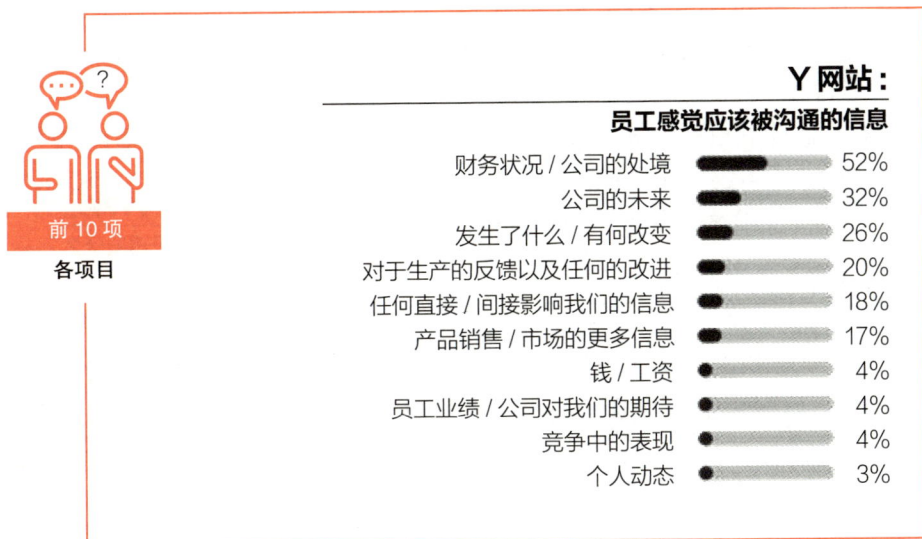

Y 网站：

员工感觉应该被沟通的信息

前 10 项

各项目

项目	百分比
财务状况 / 公司的处境	52%
公司的未来	32%
发生了什么 / 有何改变	26%
对于生产的反馈以及任何的改进	20%
任何直接 / 间接影响我们的信息	18%
产品销售 / 市场的更多信息	17%
钱 / 工资	4%
员工业绩 / 公司对我们的期待	4%
竞争中的表现	4%
个人动态	3%

此外，埃茨科·舒伊特玛（Etsko Schuitema）通过对南非金矿业的研究得出以下结论："内部沟通成功的关键因素是员工对沟通来源的信任程度。"无论是信息的内容，还是传递信息的媒介选择，都远没有这一点重要。

当管理层受到信任时，员工会普遍相信并接受管理层所说的话；当对管理层的信任度较低时，员工就会对管理层所说的一切产生怀疑，即使这些话都是事实。

在一个组织的工资谈判中，我清楚地看到了这一点。

> 年度例会首先由总经理介绍业务状况。一张张复杂的幻灯片接踵而至，勾勒出一幅略显黯淡的业务图景。在演讲结束时，坐在房间里的管理层"眼泪早已流干"。总工会秘书靠在椅子上，打着哈欠说："我本来以为今年的合理要求是 $X\%$，现在，我完全相信，$X\%$ 的两倍更合适。"由此，管理层要求召开一次核心会议！

如前所述，对管理层的信任，取决于员工在多大限度上认为管理层在任何情况下都是为了他们的最大利益而行事。

在合情合理的领导力工作坊中，参会者被要求考虑以下场景。

> 由于业务原因，你已经决定关闭三家制造工厂中的两家，留下的那家保持每周 7 天每天 24 小时的全天候运营。关闭的两家工厂和剩下的那家工厂之间的距离意味着许多人无法搬迁，必须下岗。
> 你只可能在 12~18 个月的时间里对这个商业决定采取行动，但你选择了现在就与员工沟通这个决定。既然这样的坏消息很可能导致士气低落、员工辞职等，为什么非要现在沟通呢？为什么不等到两家工厂关闭之前再沟通呢？

管理层之所以不顾可能对自己不利的情况，现在就把消息公布于众，唯一的原因就是不这样做是不诚信的。诚信意味着讲真话，即使在当时看来并不符合自己的最大利益。只有当管理层做到这一点，既分享好消息，也分享坏消息时，才会得到长期的信任。

诚信是金科玉律，是任何交流中都适用的价值观。它超越了欺骗的功利主义和因其产生后果的辩解，尽管在现实世界中这并不总是容易做到的。

根据哈里·英厄姆（Harry Ingham）和约瑟夫·卢夫特（Joseph Luft）在 20 世纪 50 年代提出的沟通理论，诚信首先意味着不说谎。当管理者撒谎时，无论是立即还是在一段时间后被发现，都会对信任造成毁灭性的影响。当管理者撒谎时，他们破坏了信任。他们已经创造了一个先决条件，员工今后不再相信他们的话。正如弗雷德里克·尼采（Frederick Nietzsche）言简意赅的结论："让我不高兴的不是你骗了我，而是我不能再相信你说的话了"。

	自己知道	自己不知道	
他人知道	公知区	盲点区	披露
他人不知道	隐私区	潜能区	

乔哈里之窗

反馈

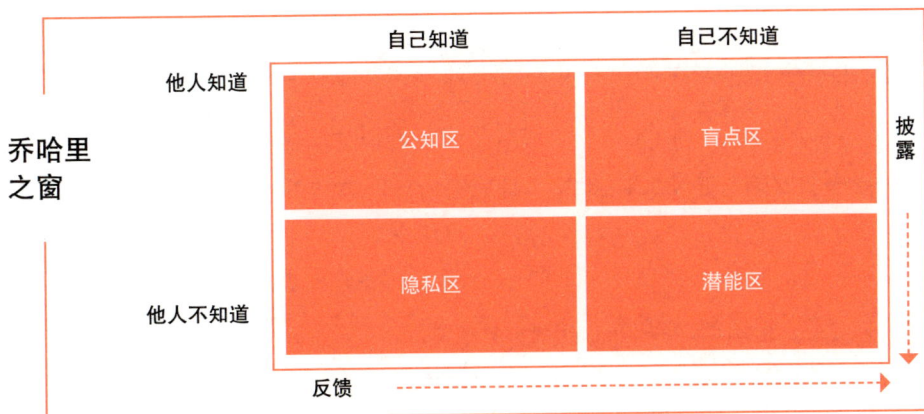

然而，诚信不仅仅意味着不说谎话，它还意味着坦诚、不封闭和提供准确的反馈。没有这些，有效沟通的舞台或领域仍然很小。

有时，我们会遇到一些管理者，他们以自己的诚信和真诚为荣，但在合情合理的领导力评估中，他们在以下项目上的得分却很低。

项目	得分（+10 到 −10）
我相信，我的经理说的都是实话	−2.8

唯一的解释就是管理者的行为缺乏透明度。因为他既不分享自己的真实想法，也不分享自己的感受，所以人们认为他是一匹"黑颜色的马"。他缺乏自我表露的勇气，他说的和想的不一致，这让人怀疑他有什么不可告人的目的，故意不说出来。

看来，只有当管理者愿意坦诚自己在事实面前的感受时，他们才能真正被视为诚信的人。

对管理层诚信与否的另一个考验是，管理层在多大限度上愿意实行公开管理，并与所有员工分享企业的财务业绩。从逻辑上讲，只有向员工全面、持续地披露的情况下，员工才有可能承诺参与这个"游戏"。然而，披露财务信息并非没有风险。当管理层不愿意分享这些信息时，通常是担心所分享的信息会被员工在工资谈判中利用，或者被竞争对手利用，因为他们会通过心怀不满的员工获得这些数据。

在信任度较低的关系中，管理层以这种方式暴露自己可能是一种"自杀"行为。然而，经验表明，员工很少会辜负别人对他们的信任。因此，在不了解的情况下披露信息是不明智的。多乐士南非公司甚至对公司的所有 450 名员工进行了培训，让他们在了解这些数字之前先与员工分享这些数字。

诚信

沟通

价值观 / 黄金法则

子规则   "公开、披露 和反馈。"

在通常情况下，企业绩效管理系统的最大失误并不是系统本身，而是缺乏对直接下属绩效的诚信反馈。杰克·韦尔奇（Jack Welch）在其著作《赢》（*Winning*）中将管理人员缺乏坦诚称为"企业中最大的肮脏的小秘密"。

与普遍看法相反，员工想知道他们的上司是如何看待他们的。员工想要得到更多的批评性反馈，而不是积极的东西。

从本质上讲，衡量负责人诚信的程度，是由他们愿意公开、披露和反馈的程度来衡量的。

教练式辅导——赋能测试

在合情合理的领导力的个人领导力评估中，受访者被要求根据一系列教练式辅导或赋能他人相关的标准，在其管理者目前的表现上打上"×"标记。

启用
测试

把知识和经验保留在自己这里　　　　Ⓐ　　　　自由地分享知识和经验

0	1	2	3	4	5	6	7	8	9	10
						×				

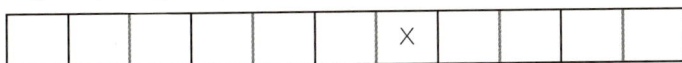

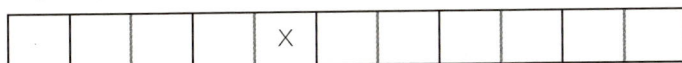

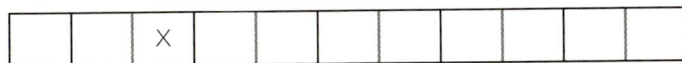

妨碍他人 / 阻碍　　　　　　　　　Ⓑ　　　　让他人"绽放" / 发挥潜能
潜能发挥

0	1	2	3	4	5	6	7	8	9	10
				×						

坚守 / 捍卫自己的职位　　　　　　Ⓒ　　　　故意让自己可以被替换

0	1	2	3	4	5	6	7	8	9	10
		×								

　　管理者在所有三项标准上都获得高分的情况并不多见。正如上面的样例所示，第一条标准的得分通常高于其他两条标准。不用说，那些极少数在所有标准上得分都很高的管理者，他们的直接下属会为他们赴汤蹈火。

　　对领导者而言，履行领导职责的这一方面异常艰巨。教练式辅导可能比其他任何合情合理的领导力的活动都更考验管理者的勇气和慷慨。

　　即使是在最基本的层面上，教练式辅导直接下属，使其掌握工作所需的技能，也需要管理者的慷慨。与提供方法或问责不同，赋能一个人需要相当长的时间和耐心。大多数母亲都会证明，在很多时候，对孩子能力的辅导是枯燥乏味的。

一位经理曾向我描述过他的经理的做法，他的经理在教练式辅导时表现出色。她经常去客户现场拜访好几个小时，她不是告诉他与客户的合作出了什么问题以及如何解决，而是让他思考他认为哪些地方需要注意或是不符合公司标准的地方。只有这样，她才会提出他忽略的地方，并请他提出解决问题的办法。每次这样的拜访都会让他感到受益匪浅。

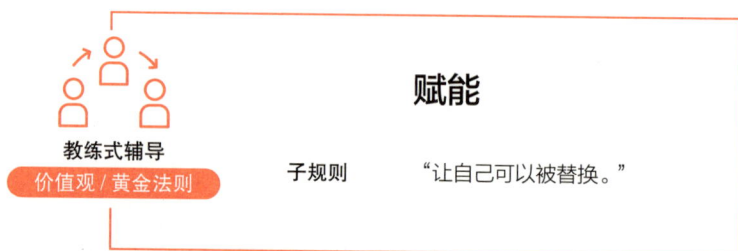

教练式辅导
价值观 / 黄金法则

赋能

子规则　　"让自己可以被替换。"

然而，教练式辅导对领导者最大的考验是勇气而不是慷慨。给出领导者所知道的东西，考验的是领导者自身的不安全感。故意让自己的工作处于危险之中，让出皇冠上的宝石，让直接下属比自己做得更好，这需要勇气。

因此，教练式辅导最终考验的是领导者自身的能力。一位管理者总结说，"登上领奖台的是运动员，而不是教练"。员工是明星，管理者只是经纪人。

教练式辅导是真正的给予。当管理者只关注**结果**时，他只关心自己从对方身上得到了什么。

当他专注于让直接下属对结果**负责**时，他就是在"以给予换取回报"。实质上，他是在说："我已经给了你方法和能力，现在按我的要求去做吧。"

只有当他用教练式辅导方式时，最终他才会无条件地给予。这是因为教练式辅导关系中的成果是成就人或改变人，而不是结果或完成的工作。人的成长本身就是目的。

在教练式辅导过程中，对管理者的考验在于他能在多大限度上延迟自己的满足感。因此，教练式辅导真正考验的是管理者的成熟度。

认可与奖励——感激测验

当人们要为自己的贡献负责时，达到标准的人与未达到标准的人相比，会有不同的结果。

此外，对于那些始终超越标准的人来说，积极的结果应该比那些只做必须要做的事情的人得到的结果更显著。

对于认真、负责地完成任务的员工，应该给予表扬；而对于那些表现出善意，坚持不懈地做出加倍努力的员工，应该给予奖励，以表彰他们做出的更大贡献。这是因为，在满意的表现和卓越的表现之间，以有形的方式进行区分，不仅公平，而且随着时间的推移，就能培养出卓越的表现。

并非所有组织的管理者都同意上述观点。有些人认为没有必要表扬。毕竟，每个人都是按要求做事的。慷慨（表扬／奖励）应该留给那些真正值得的人，在取得成果时而不是在取得成果之前。

正面的
问责制

表扬　　　　　　　　　　奖励

达到标准　　　　　　　　超过标准
认真负责　　　　　　　**加倍努力**

事实上，不表扬那些把工作做得很好的员工，会给那些不这样做的管理者带来负面的后果。

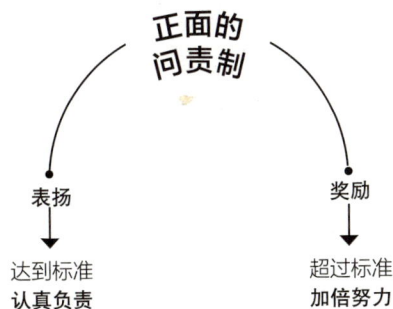

我的一位朋友是一位出色的厨师，就是因其出色而辞去了一份高薪工作。他在一家广告公司的工作是为客户提供餐饮服务，也包括每天为董事们提供可口的午餐。

他把一位董事在两周内对他说的每一句话都记录在一个小黑本子上，然后递交了辞呈。

显然，经常对他说的一句话是："杰里米，我们今天在哪个餐厅用餐？"他说，哪怕是一句"谢谢，今天的午餐很不错"，都可能会让他留下来。

我们经常听到员工说："我并没有要求加班费，我只是希望我的额外努力能被注意到，知道我所做的贡献是得到赞赏的。"在许多员工眼中，很少有管理者会在临终前后悔自己表扬得太多！在缺乏表扬的情况下，员工会有被剥削的感觉，他们觉得自己被掏空了。

管理者在**何时**表扬并不重要，重要的是**为什么**表扬。对于"为什么要表扬？"这个问题，第一个原因，也是更常见的回答是"因为这样做可以激励或鼓励员工"；第二个原因是"管理者对员工付出的认可或赞赏"。

感激		
表扬/奖励	子规则	"表扬认真负责，奖励加倍努力。"
价值观/黄金法则		

在这两个原因中，只有后一个原因是无条件的。激励的原因是给予（表扬），是为了更多地索取（继续甚至更好地表现）。真诚地表扬而不求回报，实际上是一种礼貌，它是对所给予的东西说"谢谢"。

当表扬和奖励别人时，最有效的价值/黄金法则是感激。内心溢满感激之情才能慷慨解囊；反之，缺乏感激之情是导致对方拒绝的原因。

最近，我在机场遇到了一件因心存感激而有了慷慨行为的事儿。当时计算机出现故障，几名乘客正在向工作人员发泄不满，而工作人员则在试图以最快的速度手动制作登机牌。轮到我的时候，我发现自己在说："我留意到，你们在混乱中始终保持着让人难以置信的亲切，非常感谢。"这位女士微笑着给了我登机牌。

当我到达目的地时，才意识到我这句话的效果。第二个出现在转盘上的行李箱居然是我的，因为那个充满感激之情的订票员违反了相关规定，把头等舱的行李贴纸贴在了我的行李箱上，她不知道这个操作帮了我多大的忙。在有人发现这个"错误"并撕掉头等舱贴纸之前，我的行李箱在头等舱里旅行了六个月！

诚意，再次成为一个问题。如果一个领导者的态度经常是"他不需要表扬，因为人们的工作是有报酬的"，而他突然间却出乎意料地表扬了，那么他的诚意就会受到怀疑。

同样，如果从未有过表扬行为，但现在却有庆祝活动，那表明的态度就会是："他现在想从我这里得到什么？"

我曾在一家工厂目睹过这种情况。那里的管理者通常认为员工的努力是理所当然的。在一个月的产量创下新高之后，他们决定开个派对庆祝一下。员工们当然到场了，然而，员工们抓了几瓶啤酒就离开了。可恶的管理层随后对他们的员工说了一些诽谤性的言论。

管理者行为背后的意图至关重要。如果管理者的表扬或奖励是出于感激之情，那么他的注意力就会放在过去，放在过去的付出上；如果表扬或奖励是为了激励员工做得更多，那么他的注意力就会放在未来，放在明天能从员工身上得到什么。随着时间的推移，后者的影响是毁灭性的。员工对这种贿赂式方式的反应是：他们会从"对我有什么好处"的角度来权衡管理层的每一个要求。只有当他们认为所提供的"胡萝卜"值得他们付出时，他们才会勉为其难地付出。这样，管理层就真正做到了"种瓜得瓜，种豆得豆"。

一个经常被提出的问题是，如果自己的表扬是有诚意的，但员工的反应却不买账，该怎么办？答案显而易见：不要停止表扬。如果历史行为已经让员工产生了质疑，员工就不可能立即慷慨解囊。不管怎样，员工的回应不是管理者的问题，他只对自己的行为负责。他唯一关心的应该是做适度的事，至于员工如何回应，则由他们自己决定。

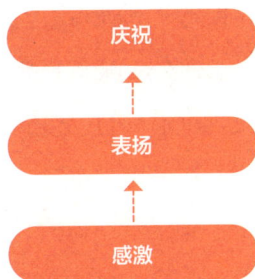

惩罚——公正测试

在任何惩罚的情况下，公正都是最重要的价值观 / 黄金法则。无论是在不当行为的情况下，还是在工作表现低于标准的情况下，公正性都要求管理者在采取行动

41

之前花时间查明原因，然后采取行动。

此外，公正意味着行事不带偏见或偏袒。无论种族、性别或在企业的职位如何，所采取的行动都应一视同仁。俗话说："对雌鹅有益的事物也应对雄鹅有益。"

公正

惩罚

价值观 / 黄金法则

子规则

"始终谴责粗心大意，处罚蓄意及恶意的行为。"

公正，不应因友谊或个人关系而受到损害，家庭成员也不应受到特殊对待，也不应区别对待有特殊才能的员工和天赋较差的员工。

更重要的是，惩罚只有在粗心大意或蓄意、恶意的情况下才是合适的。如果不良行为或表现是由于方法或能力问题造成的，惩罚是不合适的。

如果员工因欠缺方法而不能做正确的事，则应通过提供必要的方法加以纠正。当能力不足是问题所在时，纠正的措施通常是给予正规培训或在职辅导。如果该员工缺乏胜任工作的能力，那么公正的做法是将其调离岗位，重新安排到与其能力相符的岗位上。

惩罚显然不是为了纠正行为，而是为了伸张正义。惩罚行为的目的是处罚，而不是纠正行为，其作用是让人对自己的行为负责。如果做不到这一点，就会造成无人负责的局面。

所给予的惩罚应与其行动背后的意图相一致。如果某人粗心或疏忽大意，口头警告或谴责是适度的。如果是蓄意及恶意行为，则需要采取正式的处罚、处分，直至开除。屡次粗心大意应被视为恶意行为，因为需有一个界限，持续的粗心大意不再是错误，而是故意的。

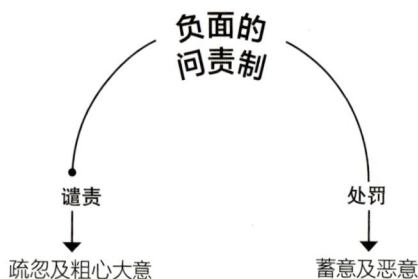

负面的问责制

谴责 → 疏忽及粗心大意

处罚 → 蓄意及恶意

管理者的惩罚能力是对其领导力的真正考验。通用电气公司的杰克·韦尔奇（Jack Welch）对此总结道："任何不忍心解雇员工的人都不可能成为领导者。同时，任何乐于解雇员工的人也不可能成为领导者。"

采取惩罚行动是领导者的勇气和面对困难的能力。那些太需要被人喜欢的领导者会发现，采取惩罚行动是一件非常困难的事情，因为他们是从一种"索取"的立场出发，而不是"给予"，他们的行动是有条件的，基于他们追求被喜欢的需要。

没有直面问题的能力，可能会导致一个领导者的致命缺陷。正如曼弗雷德·凯茨·德·弗里斯（Manfred Kets de Vries）在 *The Leadership Mystique* 一书中所评论的："我没有确切的成功公式，但我知道一个肯定的失败公式，那就是试图取悦所有人。"

在大多数情况下，解雇决定既不是不合理的，也不是不成熟的。一家公司的首席执行官说得对："我从来没有过早地解雇或调动过一个人。"不幸的是，一些员工发现，自己被解雇是因为管理者在员工的不良行为或表现首次出现时未能及时采取适当的行动。管理者拖延时间，希望避免冲突，直到再也无法拖延为止。

> 我永远不会忘记我在人力资源部门工作时与一位员工的谈话。这位五十出头的男子刚刚被裁员，他告诉我，他心里明白，他之所以要离开公司，是因为没有人真正希望他留下来。在他为公司工作的 12 年里，他只是勉强维持了工作，没有更多的进展。他眼含泪水说："真正让我愤怒的是，这么多年来，我的上级们没有一个人真正关心我，挑战我的平庸表现，并追究我的责任。"

最后，采取惩罚行动时绝不能因愤怒或为报复。最重要的是，如果领导者将自己的沮丧或怨恨带入惩罚行动中，他将无法公正地对待员工。

商讨 / 倾听——谦逊测试

在合情合理的领导力工作坊上，我们用以下情景向学员提出挑战。

> 团队中的一位成员向你提出了一个看似疯狂的想法。需要听吗？为什么？

与参与者商讨或倾听员工意见的首要理由是务实。管理者应该倾听员工的意见，并与他们商讨，因为这样他们会觉得自己的意见被听取了，从而会对管理者想要做的事情有承诺。

显然，如果你真的想疏远员工，那么应该只是做做商讨的样子，然后告诉他们正确的答案。这是操纵的最高境界。员工一旦意识到发生了什么，就会理所当然地做出敌对反应。

然而，管理者不应将告知员工他们已经做出的决定与真正的商讨混淆。如果没有准备好做出决定并为之负责，他们就不应承担领导者这样的职务。

让员工了解管理层的决定，不应与真正的商讨意图混淆。领导者只有在真诚地准备倾听员工意见时才应进行商讨，所谓"倾听"，是指在商讨中已经准备好改变自己的观点和意见。

参与者倾听员工想法的第二个理由是，这个想法可能并不那么疯狂。在一堆泥土中可能藏着一粒金子。然而，这个理由是有条件的。危险在于；当一个想法太疯狂而不能被采纳时，由谁来决定？当管理者做决定时，如果他们认为一个想法不可行或超出可行范围，他们通常会停止倾听。

无条件听取员工意见的原因在于领导者的谦逊。谦逊意味着不仅要关注员工提出的建议，还要准备好暂缓自己的判断，真正倾听对方在说什么。

耐心 / 谦逊

倾听想法
价值观 / 黄金法则

子规则

"接受别人可能是对的。"

倾听 / 商讨考验着一个领导者的傲慢程度。这需要领导者接受除自己之外的人可能是正确的事实。它要求领导者有足够的安全感，承认没有人拥有所有答案，并且可以说"我不知道"。

谦逊并不意味着贬低自己，而是减少自我关注的程度，更多地关注他人。这意味着对他人的兴趣如对自己一样。

谦逊的领导者准备将更多的重要性给予他人而不是自己。他不需要独占所有的荣誉，而更愿意将功劳归于他人，承认除自己以外的人的贡献。吉姆·柯林斯（Jim Collins）在他的《从优秀到卓越》（*Good to Great*）一书中表达了这一观点，他说，伟大的领导者用镜子检视失败，但用窗户观察成功。

团队合作关系——尊重测试

一个成功的群体是指产生盈余的群体。进一步说，只有当一个群体的成员集体的给予多于索取时，才会产生盈余。

从本质上讲，一个强大的团队是其成员给予多于索取的团队；在一个弱小的团队中，其成员的索取大于给予。判断一个团队是否给予、是否做出有意义的贡献的最终仲裁者，当然是团队的客户。一个不为其客户（无论是内部还是外部的客户）提供服务或给予的团队将不复存在。

在通常情况下，在团队内部发生冲突时，团队的关注会从客户转向内部冲突。无论冲突的原因是什么，这种内部纷争都有可能摧毁团队。在这种情况下，领导者的工作是超越冲突，干预并采取必要措施阻止它。在极端情况下，领导者需要拿出勇气，驱逐一个或多个团队成员，这可能会付出代价——例如失去有才能的人，但为了团队生存，有时必须付出这样的代价。

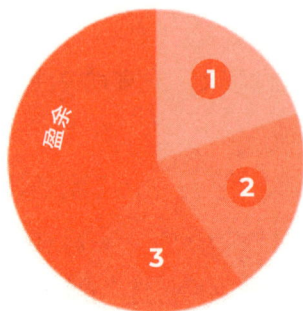

成功的群体

盈余

① ② ③

- 我们以盈余规模来衡量群体的成功程度；
- 只有当集体给予多于集体索取时，才会产生盈余；
- 群体成功的程度，是群体成员无条件追求群体目标的程度。

在真正成功的团队中，团队的利益始终高于个人利益。团队成员在困境时需要付出努力来实现这一点，而非互相指责，团队成员相互鼓励、相互支持。他们把个人利益放在一边，问："我能做些什么来帮助别人？"

然而，强大团队的真正标志是尊重，包括团队成员之间以及领导者与团队之间的尊重。

首先，尊重，意味着不轻视他人，不贬低他人，或对他人不屑一顾。当领导者发现团队内部有不尊重他人的行为时，他需要坚定立场，将其"扼杀在摇篮中"。

其次，他自己需要谦恭有礼，并要求其他人也这样做。没有谦恭有礼的态度的团队会变得分裂，最终会分崩离析。

尊重

团队合作
价值观 / 黄金法则

子规则

"培养合作精神，而非竞争精神。"

当团队成员为团队所做的贡献得到认可时，团队成员之间就会相互尊重。欣赏和赞美团队中不同优势的行为会使团队变得强大。缺乏尊重会导致差异变成一种负担，而不是一种资产。

团队领导者的一个关键作用，是培养团队成员之间的合作精神，而不是竞争精神。内部竞争，尤其是"优胜劣汰"或"赢家通吃"的竞争，会造成分裂，导致积极性不高（第二名的人怎么办？），并可能导致各种不良行为，包括欺骗。

授权——信任测试

授权，就是要释放他人给予的能力。领导者对给予者的培养并不是好为人师，也不是容忍索取或接受平庸。它是要推动人们实现最好的自己，不管他们喜欢与否。因此，它要求领导者绝对不附加任何条件。

宇宙是一个友好的地方……

合情合理的领导力是推动人们实现自我价值的最佳途径。

授权，在实践中与逐渐中止控制有关。每当控制权中止时，领导者对直接下属的信任和委托程度就会更加深厚。

放弃权力或移交控制权再次衡量了领导者的慷慨和勇气。当领导者坚持保留权力而不放手时，会被视为一种自私行为，这意味着他更愿意亲力亲为。掌握权力会让领导者感觉自己很重要，且能证明他在科层制度中的身份和地位。在其他情况下，缺乏谦卑可能是问题所在。"如果我真的想做好它，那么我必须亲自去做。他们（不管是谁）在这方面永远不会像我做得那么好。"

当领导者回避授权时，也表明他缺乏勇气，因为他不愿意承担放弃控制权所带来的风险。

他的担忧通常基于两点：首先，他担心将权力交给一个无法完成任务 / 缺乏必要技能的人，因此会"搞砸"事情；其次，他担心将权力交给一个不值得信任、不相信能做出正确的事情的人。

通过遵循移交控制权的三条黄金法则，可以将与授权相关的风险降至最低。首先，该过程应该是渐进的。其次，在移交权力和相应的责任之前，需要解决涉及的方法和能力问题。最后，无论何时取消控制权，都必须以问责制取而代之。

领导者不授权他人的行为通常更多地反映了领导者自己的恐惧，而不是其他人的无能或不可信赖。对于一个人来说，要证明他的可信赖性，他首先要被信任。只有当领导者克服了这种恐惧时，员工才能获得授权。

综上所述，很显然，在每一种指挥情境中，领导者的慷慨和勇气都会受到考验。只有当领导者的观点与黄金法则或价值观一致时，其指挥才是有效的，他才能经受内在的考验。只有这样，他才能认识到自己最好的一面，从而得以成长。

2

第二部分

提供方法

员工做贡献的前提，是要为其提供能贡献的方法。如果没有这些方法，员工就无法依照要求做出所需的贡献。这些方法不在于个人，而在于他们所处的环境。因此，领导力的关键职能之一，是能为下属提供赋能的环境。

在组织层面，意味着组织中的每个人都需要被给予，尤其是在以下方面。

▶ 资源——完成任务所需的资源，那些人们可以赋予其价值的东西。

▶ 工具——完成任务所需的工具，那些人们可以用来增加价值的东西。

▶ 组织设计——为人们提供一个能够做出贡献的正式环境。

▶ 信息—— 一个记分表，指出人们需要通过做什么来做出贡献，并告诉他们做得有多好。

▶ 时间——既要有合理的工作量，又要有充足的时间，以及来自管理层，尤其是直接经理的支持。

▶ 权威——履行职责，包括对结果有直接影响的人和帮助他们履行职责的人。

▶ 期望的明确性——明确要实现的结果以及对每个人的期望，即对其独特贡献者的期望。

显然，就工具和资源而言，不同组织的方法是不同的。然而，有一套方法是所有组织都会遇到的问题，因为它关系到领导者关心与成就其员工的能力。

这些方法中的第一个就是一个赋能的组织架构。第三章首先给出了关于组织架构在赋能员工贡献中的三个核心信念，然后详细说明了架构变革的适当条件；其次，概述了良好组织设计的五项原则；最后，提供了设计组织架构的七步流程，为个人成长和发展提供"头部空间"。

第四章探讨了数字问题。具体来说，这一章讨论了如何将结果作为方法，而不是目的。本章指出，成功利用计分表上的数字来激励员工做贡献的领导者，不仅要相信，还要践行五个关键洞见。本章的重点是介绍这些洞见是什么，以及如何利用它们来实现数字的真正力量。

第五章关注的是大多数组织中人们认为的方法问题，如果能够解决这一问题，将极大地提高他们对组织的贡献。本章证明了，无论从角色层面，还是下一个报告期，都可以定义个人的独特贡献，同样，还可以明确直接贡献与目标结果的关系，以及领导者对赋能他人的贡献。

下一个方法问题涉及领导者将注意力集中在哪些方面，以及他们如何分配时间。在第六章中提出的观点是，真正关心员工的领导者会为员工腾出时间，他们会暂停自己的议程，以员工的议程为优先。本章提供了关于领导者应该关注什么，以及如何适当地集中注意力的实用建议。本章证明了有时在时间和注意力上的转变，甚至是根本性的转变，对领导者关心和成就员工至关重要。

本部分的最后一章（第七章）讨论了组织中的控制和权威两个问题。显然，如果领导者没有被赋予相应的权威，他们就无法关心和成就其直接汇报人。更直接地说，衡量个人成长的一个关键标准，是他被赋予了责任，这就意味着个人可以多大限度独立于其管理者做出决策，并最终为这些决策承担责任。本章提供了处理组织中权威和控制问题的原则与方法。

第三章

设计赋能架构

　　进入一个组织的门户网站，你可能会发现管理层正忙于架构重组。如果不是正在进行重组，也会是刚刚完成重组，或即将开始重组。架构重组，似乎已成为企业界的一种生活方式。

　　考虑到任何架构重组都有其固有的敏感性，管理层不太可能完全避免员工对他们在这方面领导能力的批评。毫无疑问，会有一些人很坚定地坚持一种架构选择方案，而不是管理层批准的方案。此外，几乎可以肯定的是，员工坚信，在实施某一架构方案的过程中存在管理不善或做得很糟糕的现象。

　　不过，在设计和实施赋能的组织架构方面，还是有一些明确的"该做"和"不该做"的事情。就实施而言，遵循良好的变革管理实践和原则，同样适用于重组和任何组织其他变革举措。就设计而言，没有万无一失的组织设计公式。这可能是因为在现代复杂的组织中，不存在这样的公式。不过，有一套设计原则可以共同构成良好的设计。

三个信念

合情合理的领导力的设计原则基于以下三个信念或主张。

▶ 任何架构性举措本身都无法实现组织的卓越。

▶ 不存在完美的组织设计。

▶ 任何规模的架构变化只有在绝对必要的情况下才进行。

1 信念一：
组织架构卓越，并不等于组织卓越

人们普遍认为，组织转型需要在多个层面进行干预。

在战略层面，需要明确组织的目标、使命、愿景和战略；在架构层面，工作流程以及必要的正式组织和资源都需要到位；在组织文化层面，需要培养理想的员工价值观和行为，并使其成为整个组织的一种生活方式；在专业能力层面，需要为员工提供知识和技能，使其能够在应用时发挥作用。

通往卓越之路

目标
使命、愿景、战略

架构
工作流程、结构、资源

文化
价值观、行为

专业能力
知识、技能

尽管组织架构本质上是健全的，但仍然可能失败。这是因为与架构无关的弱项——一个不明智的商业战略、恶性文化，或纯粹的人员无能，都可能导致组织的衰败。换句话说，圆满的组织设计是组织转型的必要条件，但不是充分条件。

然而，这并不意味着架构在组织转型中没有非常具体的作用。一个好的架构提供了一个有利的正式环境，人们能够在其中做出贡献。它独特的价值创造在于，它为个人成长和发展创造了空间。任何组织在设计时都应将这种可能性放在首位。

2 信念二：
完美的设计并不存在

在任何组织中，只要人数多于一个人，就有可能从现有的多种组织类型中选择几种架构方案。

以前，人们选择的组织类型是职能型组织，由具有类似专业知识的员工组成若干部门。

后来，事业部型组织变得流行起来。它们基于客户、客户群体、产品、市场、地理位置等标准来划分。

随后，具有双重汇报线的矩阵型开始流行。

近来，组织尝试了各种"新时代"的架构形式——网络型、无边界型、虚拟型等。

遗憾的是，每一种连续的组织类型都未能提供终极的组织设计。每种类型都有利有弊。这些都是有据可查的，只要与在特定组织类型中工作的人交谈，就能得到证实。

综上所述，追求完美的设计是不会有结果的。

更有效地利用管理精力的方法是，洞察组织希望在该领域中与其他竞争者脱颖而出的基础，无论是市场专业化、技术卓越性，还是创新，这些都应在组织架构中得到体现和推进。

换句话说，组织架构应反映组织的战略，反之亦然。两者应相互影响。

3 信念三：
除非必要，否则不要更改组织架构

如果说企业只有在万不得已的情况下才进行重组或改组，这种观点显然过于极端。然而，一位高级管理人员曾告诉我，他在上一份工作中做出的最佳决定是"什么都不改变"。他接手了一个特殊的组织架构，并有意选择维持现状。虽然他在任职的五年里做了许多改变，但他没有改变的是他上任时的工作岗位、工作组和汇报线的基本架构。

抵制改变组织形态的诱惑，可以减少任何重大重组对业务造成的干扰。

顾名思义，内部重组聚焦于企业内部。

它消耗了管理者大量的管理时间和精力。它还

> **⚠ 警告　频繁重组**
> ▶ 扰乱业务；
> ▶ 使得企业向内聚焦；
> ▶ 削弱合法的权威性；
> ▶ 阻碍人员发展。

会引发不安全感，进而导致地盘争夺和权力游戏。从第一次传出重组的消息，到最后尘埃落定，人们重新回到业务正轨时，生产率会受到影响，士气也会下降。

架构变革往往会削弱当权者的合情合理性。这是隶属关系不断变化的代价，对于持续关心和成就自己的直接汇报人，就显得有限了。

如果管理者与直接汇报人之间的关系是"临时"的，管理者就不愿意在员工身上投入太多。他们可以避免给予其员工所需的关心和成就需求，因为他们不必承担不这样做的后果。何苦呢？毕竟下一次重组可能就在眼前，而且很可能每个人都会在不久后离开。

显然，在某些情况下，大规模的重组确实是必要的。在企业经营状况发生重大变化、转向新的经营模式，或战略发生重大转变时，重组就变得十分必要。

当现有架构从根本上丧失功能时，重组也是势在必行的。换句话说，即当架构严重违背了良好的设计原则，以至于实际上员工很难做出贡献时。

何时重组

▶ 商业环境变化；

▶ 战略变化；

▶ 架构从根本上丧失了功能。

除了这些情况外，管理者应该保持架构不变，将精力集中在授权员工上，通过逐步移交控制权，以加强个人问责。

这样，微小但有限的架构调整就会自然发生。人员会持续增长，但不是通过架构变革来增长的。随着时间的推移，因为授权是持续进行的，重大重组活动就成为例外，而不是常态。

组织设计原则

好的组织设计应遵循以下组织设计原则。

① 原则一：
围绕要完成的工作任务，而不是围绕人而建立架构

在创建一个架构时，有一个很大的诱惑，即试图满足其中所有人的需求和愿望。在政治场景中，每当政府换届时，这种情况尤为典型。同样，在商业领域，为了满足个人抱负、避免冒犯某些人，或弥补个人能力的不足，本应合理的结构往往会受到损害。

一个组织在建立时围绕的不是员工，而是要完成的实际工作。工作是首要的，因为正是工作会将组织的投入转化为产出或成果。其他一切——技术、系统、布局、层级、信息流等——都是工作本身的次要部分，因此从属于工作本身。

2 原则二：尽量减少交接

工作流程中的任何交接都会扰乱工作流程，减慢工作进度。每当一项工作被放下，然后再由另一个人接手时，都会造成延迟。

每一次交接也会削弱或减少问责。这是因为现在有不止一个人参与其中，不止一个人负责。一旦有不止一个人负责，就没有人负责了。

> **交接导致**
>
> ▶ 延迟；
> ▶ 缺乏问责；
> ▶ 推诿责任／相互指责。

相互指责和推诿责任的可能性也会增加。人们抱怨工作没做好，不是因为他们自己的原因，而是因为自己被别人"拖累"了。

> **尽量减少交接**
>
> ▶ 分配完整的工作；
> ▶ 将相互关联的成果，集中到一个工作组中。

交给他们的工作要么不合格，要么迟交，或者两个原因都有，因此他们无法妥善地完成工作，这是他们给出的理由。

当我试图在一家金融机构里"加快"债券注册时，我亲身经历了上述所有过程。

在被从第十二个人，调到第三个地方的第五个部门后，我终于放弃了。每个人都声称已经尽了自己的一份力，但注册的债券仍然没有从流程中出现。实际上，过多的交接会导致挫折、冲突和糟糕的结果。

要消除一个工作组内的人员之间，以及一个工作组与另一个工作组之间的所有交接，显然是不可能的。不过，可以通过以下方式，尽量减少交接工作。

▶ 分配完整工作的职责。换句话说，就是让每个人从头到尾完成一项工作，而不是部分工作。在一个组织中，任何人的工作都会有多个价值创造。在这种情况下，工作要求就更高，因为人们需要承担更多的责任，但工作也就更有意义和价值。

▶ 将一些独立的成果集中在一个工作组内，从而减少工作组的数量。这一点非常重要，因为在工作组内的协调和沟通是最有效的，而在工作组之间则是减弱的。

如何确定哪些成果属于共同成果，由此就需要由特定工作组集体负责，这取决于不同成果之间的联系数量和优势。

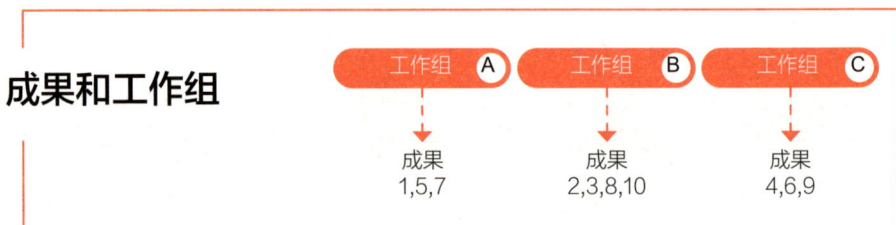

成果和工作组

工作组 A	工作组 B	工作组 C
成果 1,5,7	成果 2,3,8,10	成果 4,6,9

两个或多个成果可能因为负责实现这些成果的人需要进行协调和沟通，或者，因为一个成果的质量对其他成果的质量产生正面或负面的影响而相互关联。成果之间也可能存在紧密联系，因为产生这些成果的方法（如技能、资源、标准、系统）相似或共享。最后，相互学习的潜力也可能在成果之间产生联系。无论将成果联系在一起的理由是什么，将多个成果集中在一个工作组内的总体效果是，工作必须跨越工作组边界的频率减少了。

▶ 将直接支持团队成果的辅助任务纳入团队的责任范围。例如，销售管理可以整合到一个由销售主管和销售管理员组成的团队中。同样，调度员、工程师和质量控制专家可以属于一个生产团队，而不是被安排在生产之外的各个职能部门。

3 原则三：
优化控制跨度

工作组的规模大小以及应该向管理者汇报的人数，一直是争论不休的问题。两个极端——非常小的小组和非常大的小组——都有问题。

根据经验，少于四人的小组太小。有人可能会认为，两三个人甚至不能构成一个小组。

撇开这一点不谈，少于四人的小组会产生一对二或一对三的组织层级汇报关系。

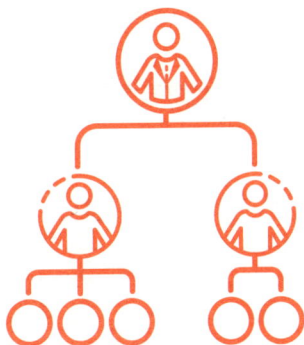

组织层级

其结果是组织架构过于层级化，层级过多。因此，管理者往往会干涉他们的直接汇报人和同事的工作。这是因为他们没有足够的管理和领导工作来让自己忙碌起来。

太大的群体小组或者太小的小组都有不同的问题。经验表明，效率和积极性都会受到负面影响。大的群体小组经常会分裂，通常会非正式地分裂成小团体或小圈子。

最重要的是，当一个群体过于庞大时，领导者就很难，甚至不可能有效地履行其关心与和成就他人的职责。这是因为，无论领导者多么有才华，多么尽心尽力，他所能关心和成就的人数都是有限的。

控制跨度

25

直接汇报人最多不应超过 25 人。

实际上限是多少，取决于地理位置、工作复杂程度和直接汇报人的独立性 / 任务成熟度等因素。尽管如此，直接汇报人的绝对上限人数应为 25 人，而在高级别时，这个数量应该更少。

当控制跨度过大时，唯一的选择是减少直接汇报人的数量。在一个呼叫中心，大约 35 人的团队减少到 25 人（最多），把更有能力的团队领导分配到更大的团队；

在一家全球制造企业中，运营总监为当地制造工厂任命了一名现场经理，有效地将其控制范围减少了 8 人。在这两个案例中，优化控制跨度的举措都带来了卓越领导力的提升。

4 原则四：坚持独特的问责制

当一个工作组内的角色（横向）或一个科层级别的不同层次的角色（纵向）重叠时，会产生混乱和重复的工作。更有甚者，很难说清楚到底谁对什么负责。在大型组织中，越往上越是如此。

工作组角色

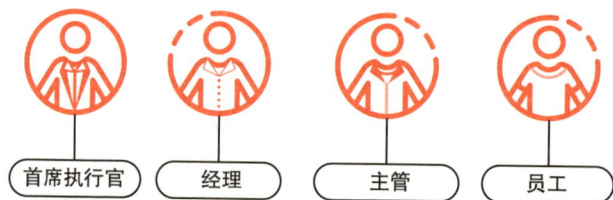

首席执行官　　经理　　主管　　员工

角色需要区分，不仅要根据责任范围来区分，还要根据其特定的问责内容来区分。一个工作与另一个工作的区别，无论是横向的还是纵向的，都需要非常清晰。

除此之外，层级中的任何管理层级都不应该仅仅为了管理和控制下一层级的工作而存在。层级中的每一级都需要创造其独特的价值，这种价值与上一级或下一级所创造的价值不同。例如，在一个组织中，非洲业务负责人的核心目的是制定和实施发展非洲业务的战略，他不负责非洲大陆内任何国家 / 地区的盈利情况，因为这是向他汇报的每个地区主管的责任。

独特的问责制原则也适用于关心与成就直接汇报人的问题。对于"谁是你的上司？"这个问题的回答不应该是"我不知道。X、Y 和 Z，或者上级的某人"。而应该是"我直接汇报的人，我的直接经理"。同样地，向任何有管理角色的人提出一个问题"你负责关心和成就谁？"时，都应该有一份具体的人员名单。

换句话说，组织中的每个人都应该有一个指定的人来关心和成就他。这个人最好是他的直接经理；如果不是，负责关心和成就与被关心和成就的人都应该清楚地知道责任人是谁。

独特的问责制由于适用于领导力，意味着要在关心与成就他人的不同方面（关心、提供方法、赋能和问责）由同一个人来实施并负责，而不是分配给两个或更多的管理者。这是因为关心与成就他人的各个方面是高度相互依存的。

将关心与成就他人的责任分摊给两个人或更多人是可行的，但不是最优的。一般来说，它会造成责任的混淆和模糊。

⑤ 原则五：
在核心职能和支持职能之间，取得适当的平衡

多年来，在组织中从事开发、制造／实施和销售产品／服务以外工作的职位数量有所增加。这场悄无声息的革命所产生的总体影响是，相对于从事非核心职能的员工人数而言，从事组织核心职能的员工人数有所减少。在一家公司中，这种情况已经发展到这样一个地步，正如某人所说"我们现在有了这么多的脚手架，以至于已经看不到建筑物本身了"。

要解决"脚手架过多"的问题，就要在分配给企业核心职能与非核心职能的员工人数之间取得平衡。也可以通过采取措施来确保"狗摇尾巴"，而不是反过来由"尾巴摇动狗"来解决。

处理"脚手架过多"的问题时有多种选项。

▶ 将组织精简到最基本的部分，彻底取消某些支持职能和专家角色。如完全关闭总部或把所有工业工程师从工资单中剔除。不过，这种大刀阔斧的做

法只能在危急情况下使用。因为大多数支持职能和角色都有可能为组织带来短期和中期价值。更好的做法是，至少在一开始，努力使这些职能发挥作用，而不是仓促地将它们关闭。

▶ 将支持职能外包给专家，外包给那些以该职能（如工资管理、设施管理等）为其核心业务的人。然而，这需要深思熟虑。许多组织都曾后悔当初把支持职能外包出去，将其保留在内部本来是更好的选择。

▶ 谨慎地削减支持职能的人员数量。可以通过宣布某些本身不产生价值创造的工作——"中间人"类型的工作——为冗余工作。此外，还可以通过补充核心职能部门人员，把支持职能部门的人员重新安排到制造、加工和销售等一线上。

▶ 作为第四种选择，干脆禁止任何新的非核心岗位，尤其是那些在整个组织内推动质量、转型、学习等举措的岗位，这也可能是有用的。与其在整个企业范围内设立新的专家岗位，不如让各职能部门在自己的领域内实施这些举措，并为他们提供专门的人员来帮助完成这些工作。

▶ 最后一个选择是削减非核心职能的"权力"。毕竟，职能部门的专业技能应该是为了支持核心业务，而不是自成一体。例如，工程职能之所以存在，是因为有东西需要制造。同样，市场营销职能之所以存在，是因为所制造出来的产品需要被销售出去。当职能部门自成一体时，它们实际上就成了"摇尾巴的狗"。

除此之外，还可以用一种架构上的方法来预防成为"摇尾巴的狗"，就是让支持职能部门的人员向一线业务部门汇报。在双重汇报的情况下，直线应该始终是核心职能，虚线应该始终是支持职能。明确谁在这里为谁服务，支持职能如何为其所支持的核心职能增加价值，这会很有帮助。

上述每个设计原则都是相互配合的。一个好的组织设计，从本质上讲，就是围绕要完成的工作建立架构，尽量减少工作组内部和工作组之间的交接，优化控制跨度，建立独特的角色问责制，核心职能人员与非核心职能人员的比例适当。

良好的设计原则

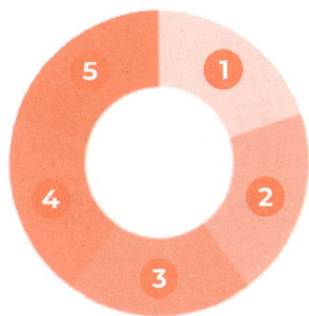

1. 以工作任务为首要；

2. 尽量减少交接流程；

3. 优化控制跨度；

4. 坚持独特的问责制；

5. 平衡核心与非核心业务。

 设计过程

鉴于上述情况，剩下的问题就是如何在牢记上述三项信念和五项原则的前提下，实际构建一个组织。是自上而下还是自下而上？是从设计个人工作岗位开始，还是从划分工作组开始？在这一过程的哪一阶段应考虑支持职能？等等。

根据经验，一个组织架构的构建应按以下顺序完成若干步骤。

步骤一： 从组织的整体架构开始。这一架构是基于组织需要完成的工作来实现其战略意图，并满足客户的主要需求和愿望而设计的。"需要完成的工作"决定了组织应该具备的核心部分。由此创建的整体框架就像一把伞，而执行团队的每个成员则代表伞的一根根伞骨。

在确定了核心部门之后，就可以设计每个部门的组织架构，但现在是自下而上，而不是自上而下。

步骤二： 在组织的每个核心部分内，需要确定和分析不同的工作流程。这样做可以确定每个流程中的实际价值创造和取得的成果。组织中不同部门价值创造成果的例子包括"签订合同"（销售部门）、"组装部件"（制造部门）、"开发原型"（研发部门）、"向客户交付货物"（物流部门）等。

然后，需要根据成果之间的关联程度，对成果本身进行分类或分组。因此，最好由同一个工作组来完成这些工作。

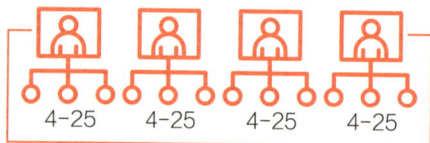

步骤三：确定了关键价值创造的成果以及这些成果之间关系的优势之后，下一步是确定每个工作组需要多少人，这将取决于实现每个工作组成果所需的技能、数量和类型。人员分配到不同成果组时，应尽可能遵循原则三（优化控制跨度），同时尽量将相关成果保留在同一工作组内。

步骤四：建立一个支持核心工作的组织层级架构。要做到这一点，就要为每个工作组指派一名领导者，负责关心和成就工作组里的员工。然后，在核心工作组之上构建管理架构，将工作组而不是成果放在一起，并向同一位管理者汇报。

步骤五：只有到了这个时候，才可以将专家，甚至职能团队纳入管理工作组。这样做的前提条件是，不影响每个层级的最佳控制跨度。

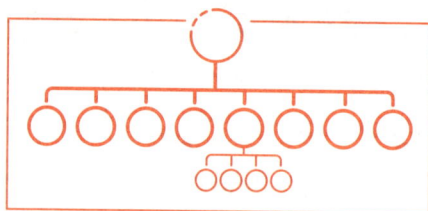

步骤六：现在可以更详细地设计核心工作组和不同管理层级的单项工作。每项工作都应根据构成核心工作的价值创造成果加以区分。此外，还可以通过对核心工作进行一些改进，使工作更加"完整"。例如，让工作岗位上的人员负责规划和评估，同时完成需要他们应该完成的工作。

步骤七：作为设计过程的一部分，应确定必要的方法，以确保组织的运作不只是一个个独立部分的集合。可以利用各种结构性机制，使组织架构的各个部分之间产生凝聚力。这些机制包括从架构各部分抽调参与者进行的正式会议，以及促进不同部门之间协调的信息系统。如果最终创建的组织要作为一个有凝聚力的整体来运作，而不是作为一系列孤立或独立的部分存在，那么在组织设计中纳入类似的正式安排就势在必行。

良好的组织设计需要遵循上述的三大信念、五个原则和七个步骤。然而，组织设计始终是一门艺术，而不是一门科学。因此，一个好的组织设计需要周全的考虑和时间的积累。与实施过程一样，设计过程既不能拖得过于冗长，也不能操之过急。

第四章

人性化计分卡

在一些人看来，合情合理的领导力模型认为"结果不重要"。这绝对不是真实的，我们肯定不是在"玩游戏"时，没有任何取胜的欲望。

然而，结果是方法，而不是目的，它们是完善过程的工具，而理想的结果则取决于过程。结果通过两种方式为我们做到这一点：首先，它们提供了一个背景，在这个背景下，可以明确实现预期结果所需的贡献；其次，结果有助于对所做贡献提供反馈。因此，结果会告知做出贡献的人，为了取得更好的结果，他们今后应该采取哪些不同的做法。

然而，许多组织并没有以这种方式利用结果。他们最初制作计分卡，是为了使组织中的每个人都能实现一系列目标。之后，将计分卡用于评估目的。换句话说，他们把取得的实际成果作为评估和奖励过去业绩的一种手段。

过程比结果更重要

当你把注意力放在完善过程上时，
结果自然就会来。

他人

获取　　　　　　给予
产出　　　　　　过程
结果　　　　　　贡献

自我

另外，那些真正从计分卡中受益的组织已经认知并践行了以下五大洞见。

1 计分卡有其局限性，可能有误导。

2 计分卡主要满足员工的需求，尤其是业务一线的员工。

3 选择衡量指标至关重要，因为你衡量的就是你得到的结果。

4 只有当员工参与设计结果时，他们才会致力于实现这些结果。

5 分数背后的"为什么"远比分数本身更重要。只有理解了"为什么"，
绩效才能得以提高。

这些洞见都不是什么高深的科学——它们是常识。不过，将它们结合在一起就
能确保实现任何计分卡的真正目的，即，让员工做出贡献。

计分卡有其局限性，可能有误导

计分卡的局限性在于，计分卡上的实际分数，即在特定时间内取得的成果，本
质上是对历史的衡量，是过去所做的事情和人们无法控制的因素的结合。

实际分数无法告诉我们现在正在发生的事情，这些事情只有在未来某个时候才会在计分卡上显示为分数。

> 对这一点我深有体会，当时我走进了一位部门经理的办公室，这位经理是一位年轻的雄心勃勃的 MBA 毕业生。他办公室的墙上满是图表和图示。我对他说："哇！这真让人印象深刻！不过，如果你真的想了解情况，为什么不直接走 200 米到生产车间去看看呢？"

计分卡上的分数也可能有误导性，如下例所示。

> 一位区域销售经理负责的地区销售收入非常好，他决定拜访他的一位重要客户。客户对从该公司获得的技术支持的反应平淡，最多只能说是勉强满意。她觉得在响应速度、技术专长以及客户拜访频率方面还有很大的改进空间。
> 结果发现，涉事的技术代表是一位热衷冲浪的人，他在海浪上花的时间比在客户身上花的时间还多。他出色的销售业绩几乎与客户没有任何关系。

基于这两个原因，计分卡永远无法取代"观看比赛"，无法取代走出去，了解真实情况，从而了解需要采取哪些措施来解决或改进问题。

在这方面，一个有用的比喻是教练。周六，教练去观看比赛，尽管他对比分很感兴趣，但他的目光并不在计分卡上。他关注的是球员们的表现，以及他们的表现对计分卡上的比分产生的影响。这些都是教练为下周训练课所需的关键信息，那时他的真正工作目标是训练团队在下一个周六打得更好。

优秀的领导者就像优秀的教练。他们不会把大量时间花在办公室里，而是深入产品生产、交付服务和吸引潜在客户的工作一线。他们使用计分卡，但仅将其作为指引，帮助他们决定应该去观察或询问什么。这样做是因为他们知道，计分卡永远无法告诉全部情况。

计分卡主要应该满足员工的需求

原因很简单，因为比任何人都更需要知道比分的人，就是那些把比分写在计分卡上的人。下面的故事说明了这一点。

我应邀来到一家水泥厂，听说那里安装了一套出色的绩效管理系统。我参加的第一次会议是 5 点半的交接班。会上，操作员向管理层汇报了夜班的数据，包括产量、效率、质量等。6 点，我目睹了类似的仪式，但这次是在工程车间，管理层再次记录了这些指标。

然后，我被领进操作室，在管理层成员将数字输入计算机时，他们给了我一杯茶。随后的管理层会议与之前的会议如出一辙。会议的主要内容就是收集数据。

这时，我要求与现场经理开个会。他的回答是："我现在不能和你开会，我必须在总部9 点开会之前把数字传给他们！"

给我留下的印象就像一台吸尘器，吸的是数字而不是地板上的灰尘。我不禁要问，总部的人究竟是如何处理每天早上 9 点准时出现在他们计算机屏幕上的信息的呢？

这并不是一个孤立的例子。我认识许多管理者，他们只能待在办公室里，满足上级领导对信息永不满足的需求。他们如何处理这些信息往往是个谜。这让我想起了 1988 年的精彩电影《帕斯卡利之岛》(*Pascali's Island*)。在这部电影中，帕斯卡利是苏丹的间谍，20 年来，他每月都向君士坦丁堡发送报告，但无人阅读。

我在英国庄信万丰公司的经历则完全不同。管理层投入了大量时间和精力，在每条生产线上安装信息系统。与所有关键措施有关的信息都实时显示在屏幕上。该系统为操作员提供了在需要时立即更改流程的方法。

班组长也可以随时了解每条生产线上发生的情况。这样，他就能随时随地对自己的班次进行干预，为运行流程的人员创造最大价值。

有趣的是，设计该系统的人是一位才华横溢的工业工程师，对信息技术情有独钟。本着真正的服务精神，他与操作人员合作，真正了解并满足他们的需求。

至于生产经理，他只需每周从实时信息中整理趋势即可。

选择衡量指标至关重要

比赛的得分方式无疑会影响比赛的进行。例如，在橄榄球比赛中，如果掉头球得分是达阵得分的两倍，那么我们所熟知的比赛就会截然不同。

组织也是如此，无论是在整体得分方面，还是在团队／个人计分卡方面。在所有情况下，你所衡量的结果都会对你所得到的结果产生重大影响。

▶ 衡量企业绩效

VAS 增值表（Value Added Statement）是衡量一个组织绩效的主要数据。VAS 增值表是四种经批准的会计报表之一，其他三种是利润表、资产负债表和现金流量表。VAS 增值表起源于人类已知的第一笔生意。

人类已知的
第一笔生意

时间
努力
智慧

一个尼安德特人找到了一根木棍、一块石头和一段纤维，并用它们制作了一把斧头。

木棍、石头、纤维和斧头之间的差别，代表了尼安德特人的贡献。它代表了尼安德特人在原材料上创造的价值，即他的时间、努力和智慧。

一个稍微现代一点的例子是，一位老太太去市场买了一团羊毛毛线，把毛线织成了一件毛衣并卖掉。她花了 100 美元买毛线，卖毛衣得到了 200 美元。因此，她通过编织创造了 100 美元的价值。

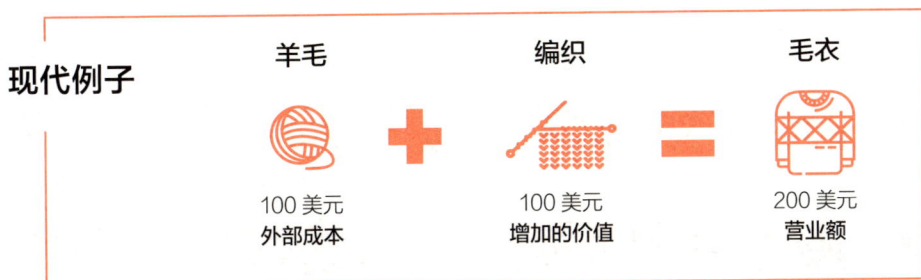

现代例子	羊毛	编织	毛衣
	100 美元 外部成本	100 美元 增加的价值	200 美元 营业额

因此，VAS 增值表的基本要素在任何企业中都适用。

营业额	
客户根据产品 / 服务的认知价值准备支付的费用	200 美元
外部成本	
支付给外部供应商的费用	100 美元
增值	
营业额与外部成本之间的差额；创造财富的衡量标准	100 美元

从本质上讲，增值是对付出或贡献的衡量。因此，它以可量化的方式表达了我们所认为的任何企业的善意意图，即为客户做出贡献。

这与传统的企业绩效衡量标准形成鲜明对比。传统的标准是由企业的利润表（即损益表）中得出的毛利润。利润是衡量股东所得的标准。

认为用投资回报率（Return on Investment，ROI）来衡量成功的做法会激励企业员工的这种想法，往好了说是天真，往坏了说就是让他们对企业产生敌意。这也是应该的，因为这凸显了在要求员工无条件地为客户做出贡献的同时，又要根据股东的利益来衡量企业绩效。

然而，VAS 增值表既衡量财富的创造，也衡量创造的财富在增值贡献者之间的分配情况。每个贡献者获得的增值百分比各不相同，但在一个可持续发展的企业中，典型的分配情况如下所示。

员工	
工资、薪水、培训和福利	60%
储备	
留存收益和折旧。法律上它们虽属于股东，但符合所有各方的利益，因为它们使未来的交易成为可能	20%
税	
为实现交易提供基础设施	12%
股息	
股东的投资回报	8%

首先，值得注意的是，员工的所得不能视为成本，而是作为增值的一部分。在大多数组织中，员工在增值中所占的份额最大，这恰恰反映了员工是增值的最大贡献者这一事实。

其次，VAS 增值表把股东的利益置于首位，它确认了以获得最小份额的人为基础来衡量企业的成功是不恰当的。

把股东利益放在首位的问题在于，它使企业成为"以利润驱动"，鼓励通过裁员等方式降低成本。为了保护股东利益，其他利益相关者的利益会受到损害。

另外，VAS增值表使企业成为"以营收驱动"。它在所有利益相关者中，创造了一个共同的目标，通过增加销售量、提高价格，或减少外部成本来增加更多的价值。健康的增值应确保所有人都能受益，包括股东在内。

并非在所有情况下都是如此，一些企业持续分享企业业绩的增值，使员工变得更加成熟。因为所衡量的只是贡献，所以它能激发员工的贡献行为。

在一个案例中，有证据表明股东未能获得红利，这让工会了解到了该公司正面临恶意收购的威胁。在说服英国竞争审裁处（Competition Tribunal）否决收购该公司的过程中，该公司的工会发挥了关键作用。

在另一家公司，员工对自己所占增值比例的大小（85%）表示担忧。他们向管理层提供了宝贵的意见，并与他们一起研究增加收入和降低外部成本的方法。

然而，大多数企业似乎不愿意将VAS增值表作为衡量企业绩效的主要标准。如果他们使用VAS增值表，则通常将其作为企业年度报告中资产负债表和利润表的附录。这可能有很多原因：也许他们认为VAS增值表太简单了，尽管它是由与利润表相同的数字构成的；也许他们不愿意分享报表中财富分配部分。我们在印度的一个客户就遇到过这种情况。或者，尽管他们对员工的口头禅是"我们都是来为客户服务的"，但他们的真实想法却是"我们是为股东带来最大回报的"。旧习难改！

▶ 衡量团队和个人

有多种方法可以确定团队或个人计分卡的适当措施或者关键绩效指标。平衡计分卡方法就是其中之一。我们倾向于使用一种简单的方法，即以企业的VAS增值表为主线。

财富创造分项得分与结果有关，如果实现，会对企业的增值产生积极影响。另外，财富分配分项得分与影响企业可持续发展的关键变量有关。

增值计分卡

财富创造分项得分		财富分配分项得分	
主生产计划 →	营业额	100	
设备综合效率 →	外部成本	50	
故障率			
质量指数	增值	50	
生产效率	员工	30	← 培训
按时交付率	储备	18	← 废水回收
原材料短缺	税	6	← 安全
库存准确率	股息	4	← 供应商发展指数
加班			

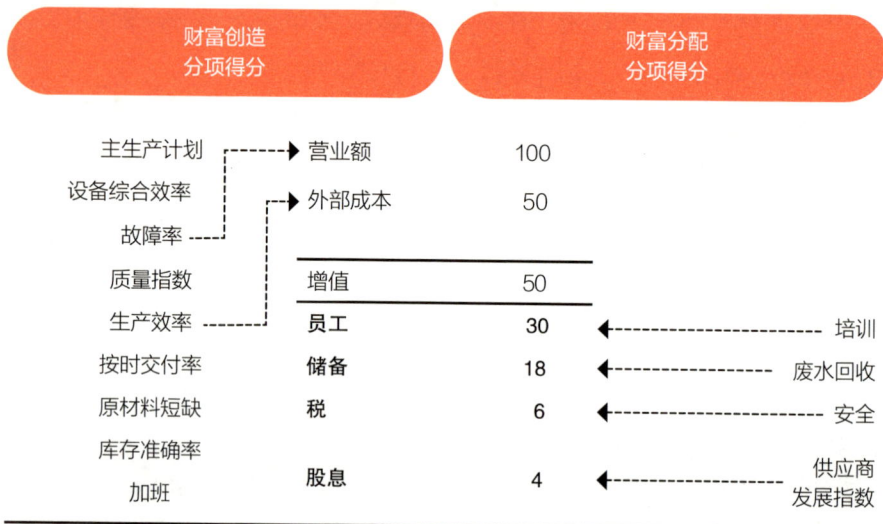

以这种方式得出分项得分的价值在于，它们在贡献与最终的组织整体绩效之间形成了一条清晰的界限或黄金分割线。

例如，它们能让送货车辆的调度员清楚地看到，糟糕的调度如何影响 OTIF（On Time in Full，准时、足量交付）送货，进而增加送货成本，最终可能导致客户流失，从而减少营业额。

设计精良的计分卡符合优秀计分卡的所有标准，如右图所示。

但遗憾的是，我看到的许多计分卡都违反了这些标准中的一项或多项。通常，衡量标准太多了。为了覆盖所有方面，20% 的结果会产生 80% 的差异，但却被

优秀计分卡的标准

- ⊘ 与愿景和战略挂钩；
- ⊘ 上下一致；
- ⊘ 包括团队 / 个人可以直接影响的措施；
- ⊘ 平衡：满足所有利益相关者的短期和长期需求；
- ⊘ 数量少，聚焦重点；
- ⊘ 直观：所有人都能看到；
- ⊘ 简单：易于理解；
- ⊘ 有效：及时且准确；
- ⊘ 有用：便于与过去和未来的基准比较。

众多的指标所掩盖。

许多衡量标准也过于复杂。它们是通过严格的公式［例如，TRIR（Total Reportable Injury Rate，可记录的事故率）或质量阈值模型指数］得出的，如果稍加探究，那些必须对其进行改进的人往往并不完全理解这些公式。

最后，有一种倾向，违反了"衡量的只是团队／个人能够直接影响的"这一规则。显然，让人们对他们无能为力的事情负责是不负责任的做法。

但是，我在大多数计分卡中看到的主要缺点是，产出衡量标准占主导地位，却忽视了投入的衡量标准。

据热衷于骑行的约翰·索瑟伊说，在自行车运动中，只有一种产出是最重要的，那就是平均速度。平均速度最快的自行车手会赢得比赛。然而，决定平均速度的是自行车手双腿在踏板上施加的功率和踏频的组合。认真的自行车手会跟踪功率和踏频。平均速度的测量频率较低，纯粹是为了决定是否对这些决定性的输入做出改变。显然，如果改善结果的是过程，那么你需要测量的不仅是结果，还有过程。

AEL矿业服务公司正是这样做的，从而显著提高了安全绩效。传统上，该公司对"严重事故数量""死亡人数""致残率和误工率"进行衡量和报告。该公司保留了这些产出的衡量措施，但增加了其他措施，如"降低特定任务的风险评分""遵守内务标准""管理层在现场花费的时间"。这些是其主要关注点，也是在TRIR方面取得预期改进的原因。

15　人们只有成为成果的共同设计者，才会致力于实现成果

设计过程本身也是成功使用计分卡的另一个关键因素。早期的平衡计分卡往往是由顾问远程设计的。管理人员并不信任，因此未能参与和使用这些衡量标准。他们仅仅认为这些计分卡是由缺乏对组织的深入了解和对结果不负管理责任

的人设计的。

一家大型零售银行设立了一个中央部门，负责利用复杂的链接模型为其银行分行网络设计计分卡。

全国各分行都按照同一套指标进行衡量，并根据总分进行排名。这为管理层提供了一把统一的"标尺"，用于比较所有分行的业务绩效。

一位分行经理向我抱怨说，她必须达到学生贷款的强加指标。她的分行位于一个工业区，距离城市的教育机构有几千米远。

同样，一个煤矿的管理人员也因总部下达的年度目标而严重丧失动力。他们未能实现总部下达的夸张目标，这意味着他们在过去三年中从未拿到过奖金。在他们看来，金属回收率这一关键指标是矿山开工时地质学家过于乐观的预测造成的。尽管如此，他们仍非常努力，去实现这个经验证明远远超出他们能力的目标。难怪他们缺乏动力。

有人可能会认为，为特定时期制定一套可衡量目标的适当流程，应该取决于员工的成熟度。员工越成熟，所采用的流程就应该越具有授权性。下图描述了从授权最少到授权最多的各种流程选项。

目标一致的流程选项

1 确定年度目标，并通过电子邮件将其传达给员工。

2 确定目标，然后通过一系列路演进行宣贯，员工可以在路演中提出问题。

3 管理团队会离开几天，回顾去年的业绩，并商定来年的目标。在向员工宣贯之前，这些目标会得到上级的批准。

4 向员工提供有关业务状况的详细信息。在决定目标之前，会考虑他们对目标应该/可以是什么的意见。

5 每个团队都有自己的目标，管理人员也会给出自己的建议。

很显然，那些负责交付一系列成果的人，如果成为成果的共同设计者，则他们就有动力致力于实现这些成果。

有一家公司制订了年度计划或目标一致的流程，具体如下。

公司目标
一致的流程

- 总结去年的成就。
- 制定公司战略目标的背景。
- 对照去年的目标，回顾业绩（未达成 / 达成 / 超越）。
- 建议的年度目标以及确定每个目标的理由（每个团队的投入）。
- 辩论后商定目标。
- 为实现每一领域的目标制订具体计划。每个小团队提出并采纳大团队的意见。

这一过程花费了一些时间，管理层的每个人都参与其中。此后，所有团队领导与他们的团队又花一天时间来最终确定各自团队的计划。有趣的是，提议的目标和商定的目标往往并不相同。在某些情况下，信息的交流导致目标低于最初提议的目标；在另一些情况下，非常激烈的辩论导致的目标比最初提议的更具挑战性。

然而在这一过程中，给我留下最深刻印象的是为实现每个目标而制订的具体计划。目标固然很好，但如果不明确为实现目标需要做些什么，这些目标仍然是空洞的。例如，设定一个完成马拉松的时间的新目标，却沿用与上次相同的训练计划，是不可能取得成功的。

分数背后的"为什么"

把计分卡作为团队 / 个人回顾流程的核心是完全正确的。根据我的经验，确定分数背后的"为什么"是关键的步骤，然而，在这一点上，在无论是团队，还是个人回顾中，往往缺少或没有很好地完成确定评分背后的"原因"这一关键步骤。

▶ 运营团队回顾会议

我想到的一个例子是南非的一家食品公司，其产品占据了大多数大型超市的货架。

> 南非的一家大型食品加工公司在其工厂和面包房都设立了一个回顾流程，称之为"伊哇卡"（Invocoms）。各级会议都采用非常有条理的形式：回顾过去（取得了哪些成果）；展望未来（需要取得哪些成果）。根据级别的不同，会议分为每日、每周或每月一次。
> 会议开始时，会显示自上次会议以来取得的实际绩效，绩效的好坏用黑板上的图标表示（绿色或红色）。会议还明确了从现在到下次会议期间需要取得的成果，并强调了需要改进的地方。
> 虽然还有其他议程项目，但这些是会议的主要内容。

有效的运营会议需要遵循以下步骤。

必须就上次会议（回顾）的进展工作进行汇报，但汇报应简明、扼要，切中要害。责任人是否完成了商定的行动——是 / 否？如果没有采取下一步行动，而当事人又有办法和能力去做，那么他就应该承担责任。应避免简单地将行动推迟到下次会议完成，因为这会滋生不负责任和平庸的文化。

并非每次会议都应回顾每项评分，因为回顾的频率应根据评分的性质而有所不同。无论如何，重点应放在"异常值"上，包括正面和负面的异常情况。对于每一个例外情况，需要清楚地说明是什么原因导致了这个评分。例如，FTR（First Time Right，首次正确率）得分较低的原因，是有两批产品在散装厂延误了48 小时。

"什么"（WHAT）还需要包括具体分数对计分卡上其他分数的影响（例如，质量分数中突出显示的不合格批次对交货和生产率等其他分数的影响）。它还需要包括评分对增值报表的影响（例如，不合格批次对销售和外部成本的影响）。花在**"什么"（WHAT）**上的时间不会白费。它在贡献 / 所做的事情及其对创造财富和组织能力的影响之间提供了一个日益清晰的界限。

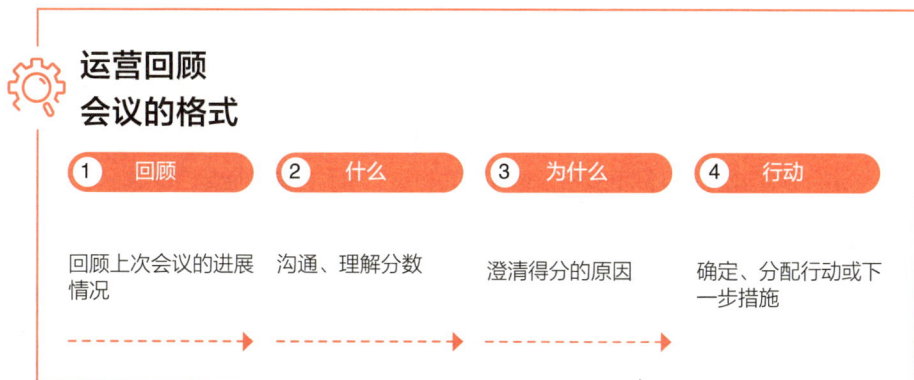

运营回顾会议的格式

1 回顾	2 什么	3 为什么	4 行动
回顾上次会议的进展情况	沟通、理解分数	澄清得分的原因	确定、分配行动或下一步措施

然而，澄清得分的原因（"为什么"）应该是业务回顾会议的"重头戏"。这应该体现在会议中专门讨论"为什么"所花费的时间上。根据经验，应将 20% 的时间用于回顾之前的步骤和沟通分数上，80% 的时间用于了解原因和商定今后的行动上。

团队中的成员在其负责的领域内出现的异常情况（突兀的负分或正分）应在会议上进行诊断。

诊断（"为什么"）应该在评分（"什么"）之后，以确定做了 / 没做什么导致了异常情况，并进一步追问"做了什么 / 没有做什么"背后的"为什么"，就会发现造成异常情况的根本原因。这些原因可分为方法原因、能力原因和问责原因。

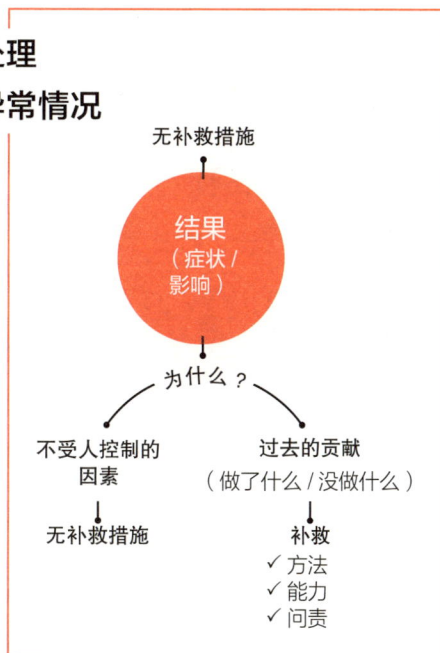

处理异常情况

无补救措施

结果（症状 / 影响）

为什么？

不受人控制的因素 → 无补救措施

过去的贡献（做了什么 / 没做什么）→ 补救
✓ 方法
✓ 能力
✓ 问责

不了解分数之后的"为什么"，就会采取治标不治本的补救措施，结果，异常情况不可避免地再次出现，分数也会重复出现。

然后，应将重点放在商定的**行动**上，以解决会议反思时所确定的方法、能力和问责问题。每项行动都需要分配给具体的个人，并商定完成日期。

最后，在特定的运营会议结束时增加一个额外的议程项目（**焦点回顾**）是有益的，这可以确保团队在适当的时间间隔内打破其正在进行的回顾周期，例行运营回顾会议提供了对照团队目标回顾进展情况的机会。而"**焦点回顾**"则提供了指定的机会，在这些机会中，使团队能够改变对其目标的看法。

焦点回顾讨论应引导并确定现在面临的重要事项，因此也是团队今后需要关注的事项。随后，应达成一致意见，确定计分卡上哪些分数／指标需要更改，以反映焦点的变化。

VAS 增值表左侧和右侧的分数都需要进行回顾，并提出以下问题。

▶ 我们是否把重点放在改进上，如果改进成功，就能增加销售、提高价格和降低成本吗？（财富创造）

▶ 我们是否专注于改进，以建立组织能力，并确保满足所有利益相关者的合理期望？（财富分配）

显然，回顾的结果不可能产生一套全新的衡量指标。这是因为许多问题仍然重要，需要持续关注。然而，除非确定一些新的或不同的衡量指标，否则团队将停滞不前，与环境变化脱节，并停止成长。

▶ 个人回顾会议

同样，在个人回顾讨论中，"为什么"往往被忽略，下面的例子就说明了这一点。

> 我旁听了一家人寿保险公司经理和销售主管之间的回顾会。双方的桌上放着一张最新的计分卡。销售收入不错，但经理的担忧用红色标出，是保单失效率。显然，保单被售出，支付了几个月的费用，然后付款中断，这实际上使一部分已记录的销售变得无效。经理明确表示，目前的失效率是不可接受的，必须紧急采取措施以解决这个问题。在他把注意力转移到另一个问题之前，我问了以下问题。
>
> ▶ "为什么失效率这么高？""因为销售人员为了完成月度目标，在明知客户无力承担保单费用的情况下，仍然与他们签约。"

> ▶ "如果团队领导知道这一点，为什么她不干预？""因为她太软弱，不想与她的销售人员对抗。"
>
> ▶ "那么，您为什么不让她对销售人员的违规行为负责，并在下次会议上对此进行回顾呢？"
>
> "这是个好主意"，他说。

任何个人回顾讨论的结果都应该是商定一致的行为，这个行为能促进直接汇报人的贡献、成长和未来的责任感。应该事先确定在成果和贡献方面取得了哪些成果。会议 80% 的时间应该集中在**"为什么"**（方法、能力、问责问题）上，这些问题是**"什么"**（结果／贡献）的背后原因。讨论将会产生一系列行动，这些行动将解决方法不足问题并增强能力，或者如在上述例子所述的那样培养责任感。

如何使企业的计分卡人性化

多年来，有一家公司——多乐士南非公司（Dulux South Africa），让我眼前一亮，它成功地将结果作为提高员工贡献度的方法。这家公司已经有好几年表现不佳了。它能继续存在的原因在于它对集团的总开支有所贡献，尽管做出了努力，但没有买家提出可接受的报价来收购。

该公司也从未定期与高级管理层以下的所有员工共享业务信息。该公司决定，这是需要改变的事情之一，以便让员工愿意为改善企业状况做出贡献。

在这一过程中，CEO 首先与所有 450 名员工分享了该公司的财务状况。他每次以 40～50 名员工为一组，使用 VAS 增值表来分享。

参加这些会议是自愿的，第一次尝试时人员寥寥。CEO回到当地再次尝试。随着每个季度会议的进行，出席率和参与度逐渐增加，员工们开始提出问题。

几个月后，该公司为所有员工举办了一些"增值工作坊"。此工作坊旨在向员工解释该公司是如何创造财富和分配财富的。这些工作坊由高级管理人员主持，而不是由培训部门负责。

随着员工对数字理解的加深，他们开始为改善企业状况献计献策。一开始，员工对这些数字的反应冷淡是完全可以理解的："他们告诉我们这些，是为了让我们接受年底的低增长，或者更糟糕的是，让我们为裁员做好准备。"

员工开始真正信任这些数据，信任与他们分享数据的管理层，是当企业实现收支平衡，然后盈利时，共享数据的做法才能继续下去。

计分卡已经到位，运营回顾会议也已经召开。我参加了一次销售方面的会议。销售数字已在会前24小时发给了所有与会人员。会议开始时有一段简短的时间来澄清数字。之后，每位团队成员都解释了各自领域出现异常的原因，并请同事们就如何改进所回顾的结果提出意见。

不仅每个人都自始至终参与了会议，其间与会者还进行了非常有益的学习交流。会议的重点是参照历史数据，反映在计分卡上，以改进前进的道路。会议的成果是每个成员都有了明确的责任感。对于团队的领导者来说，这次会议还有一个额外的作用，为他指明了在下次会议之前需要开展的"观看比赛"活动。

运营审查会议如果能够真正满足会议负责人的需求，就需要不断实践。当我偷听到一家工厂的晨会时，我就知道这家公司确实经历了学习曲线。一位操作员在挂图上展示了一些数字，她指着偏低的生产数字，并指出这主要是由于缺勤造成的。然后，她对小组中的一个人说："你就是关键问题。除非你把自己的问题解决了，否则这个糟糕的结果还会继续下去！"那个人羞愧地低下了头。

有趣的是，主管并没有出席会议。当我问她为什么会这样时，她说："这些都是他们的成果，不是我的。我每周来一到两次，但只是作为观察者，不是主持会议。"

　　数字，确实蕴含着巨大的力量。然而，数字的力量能否实现，取决于如何使用数字。只有当使用数字的主要目的是增强企业所依赖的那些生产数字的人的能力时，数字的力量才能得到充分发挥。

第五章

澄清贡献

大多数管理者都会被说服，认为组织中的员工应该对自己的贡献／付出负责，而不是对成果／收获负责。然而，他们在实际应用这一标准时仍然犹豫不决。

主要原因是"如何做"的问题。他们知道如何设定目标，如何根据目标衡量员工的绩效，以及如何根据实际绩效为员工加薪、计算奖金数额。但他们不一定知道如何根据要取得的成果来具体说明、评估和奖励员工的贡献部分。

澄清贡献，是做出贡献的关键因素。大多数组织中的人都认为，如果能解决这个问题，就能最大限度地提高他们为组织创造的价值。

此外，澄清贡献，是让人们对自己的贡献负责的前提条件。这是因为，如果人们的贡献没有事先得到澄清和商定，就不可能对他们的贡献进行公平的评估和奖励。

方法

- ✓ 工具 / 资源
- ✓ 流程 / 系统
- ✓ 时间
- ✓ 权限
- ✓ 清晰的期望
- ✓ 信息 / 反馈

① 贡献与成果

贡献不同于**成果**。贡献是指付出，是指一个人在某种情况下的投入。而成果则是指获取。成果是与产出有关的。

此外，贡献，指的是所做的事情或提供的服务能够为他人带来价值。因此，贡献完全掌握在做出贡献的人手中。

例如，一个农民通过他所做的工作——耕地、施肥、种植和收割——来创造价值。他完成这些任务的程度以及是否低于 / 达到 / 高于标准，就表明了他所做贡献的程度。

同样，讨债人的价值创造是债务人的还款承诺。业绩高于标准的讨债人说服债务人付款的比例明显高于普通讨债人。

贡献是相对于标准的，成果是相对于期望或预期的。因此，任何成果都可以低于 / 达到 / 高于预期目标。

成果，部分取决于贡献，但也受到外部因素的影响。农民能否获得丰收，部分取决于天气。同样，债务人是否真正还清债务，也可能是讨债人说服能力之外的原因决定的。例如，债务人可能获得了一笔遗产，并决定利用这笔意外之财来偿还债务。

贡献（低于 / 符合 / 高于标准）		成果（低于 / 符合 / 高于目标）	
1. 符合 / 高于标准	😊	符合 / 高于目标	😊
2. 低于标准	😠	符合 / 高于目标	😊
3. 符合 / 高于标准	😊	低于目标	😠
4. 低于标准	😠	低于目标	😠

上述贡献与成果之间的差异并不意味着两者是相互独立的。相反，两者之间复杂的相互作用在任何时候都会产生以下四种可能性之一。

当贡献和成果都符合 / 高于要求时，就产生了第一种可能性。第二种可能性和第三种可能性互为相反。第二种可能性是，贡献低于标准，但在某一时刻的成果却是积极的。第三种可能性是，贡献堪称楷模，但在计分卡上反映的成果却不尽如人意。第四种可能性是，贡献和成果都很差。

因此，澄清贡献不应与成果割裂开。在澄清贡献时，确定和界定的是现在和今后需要做什么或交付什么，以便对预期成果产生积极影响。换句话说，贡献应该在要取得的成果的范围内加以澄清。

澄清在角色层面的贡献

在一个组织中，对个人绩效预期最常见的方式是通过某种计分卡或绩效合同来实现的。计分卡通常指定在一些关键领域中要实现的结果。

所示的案例是一家铂金矿业领域领导者的流程。在职人员需要在五个方面取得成果：数量、质量、成本、人员和安全。

在下页图所示的质量关键绩效领域中，有许多关键的衡量标准 / 目标，每个目标根据其重要性进行加权。目标的绩效水平以数字形式规定。实际取得的绩效（1～5级）将转换为绩效评级。

质量		权重评级	权重100%	绩效等级					实际成就	评级 1
				1	2	3	4	5		
1	浓度等级	L	65%	80%	90%	100%	110%	120%		1
	衡量　157g/t									
2	浓度回收	H	80%	80%	83%	87%	88%	90%		1
	衡量　85.8%									
3	信息及时及准确（报告）	L	65%	65%	70%	80%	90%	100%		1
	衡量　内部审计合规性(%)									
4	恰当的政策执行	L	65%	65%	90%	95%	98%	100%		1
	衡量　内部审计合规性(%)									

如上所示的绩效计分卡是有价值的。它们有助于使组织中的每个人都朝着相同的目标努力。它们还提供了可以做出贡献的环境。然而，它们并没有明确个人在每个关键绩效领域中对实现预期成果的独特贡献，也并没有阐明个人需要做出什么独特贡献，才能实现计分卡的任何分数。

当组织试图澄清贡献和成果时，他们通常使用的工具是岗位描述或岗位简介。然而，大多数岗位描述的问题在于，它们主要是为了工作评估的目的而编写的。因此，这些文件往往篇幅冗长，在为岗位评估委员会编写的所有"铺垫"中，岗位的本质被掩盖了。

岗位描述也往往侧重于工作的范围和规模，而不是其独特的"付出"或价值创造。例如，在一家金融机构中，三个层级的岗位描述都是一样的，唯一不同的是岗位名称（分行经理、地区经理、省级高管）和责任领域／范围。

从**合情合理的领导力**的角度来看，在角色层面澄清贡献最有用的方法是实现以下目标。

▶ 明确工作的独特目的。

▶ 从横向和纵向，将角色与层级制度中的其他角色区分开来。

此外，角色澄清不应由人力资源部门"离线"完成。相反，这应该是一个互动的过程，至少要有角色履行者及其直接主管的参与，最好还要有与需澄清的角色有某种关系的角色代表参与。

随后，各方应进行讨论，甚至辩论，形成一份单页文件，阐明存在这一角色的唯一原因及其主要责任或任务。这份单页文件必须是一个动态文件，由履行该角色的个人持有，而不是人力资源部门。

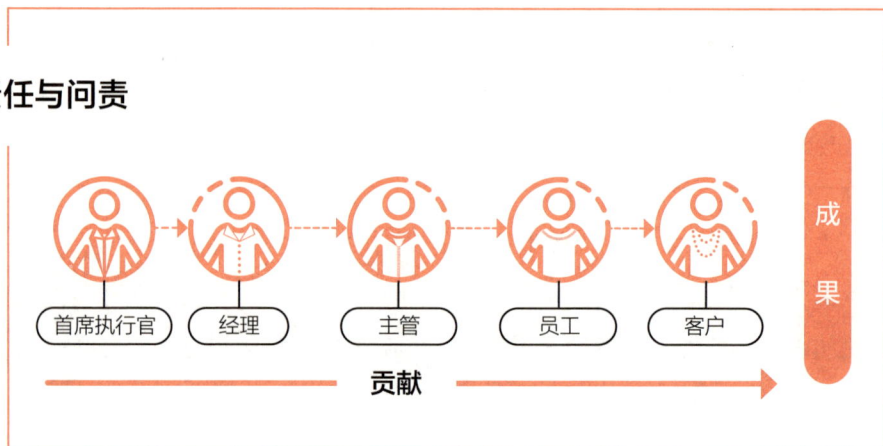

根据经验，有一个简单但非常有用的问题，可以提炼出角色的本质。那就是："**我为什么付你工资？**"这个问题的答案应该用一句话来表达。例如，**合情合理的领导力**顾问的角色是："使客户组织将注意力从索取转向给予。"没有独特目的或价值创造的角色是不应该存在的。

综上而言，实现角色的真正目的必须是独特的。确保这一点的最佳方法是自下而上建立问责制。也就是说，先从有助于直接实现目标成果的角色（例如销售代表、业务分析师、凿岩机操作员）开始，逐级向上推进到管理层级。

进行角色澄清时有两条黄金法则必须遵循：第一，不能重复问责，一个级别的问责必须与下一级和上一级的截然不同；第二，有领导他人职责的角色，必须包括对其直接汇报人的关心和成就他人的问责。从一家饼干厂的组长、生产经理和制造经理的问责中提取的责任非常清楚地表明，在制造层次结构中的三个级别上，每个任职者都需要对所要求的成果做出非常不同的贡献。

班组长问责制	生产经理问责制	制造经理问责制
▶ 负责操作员准时、在线和在岗	▶ 负责就生产线上的问题，每天为班组长提供支持	▶ 负责确定并优先实施制造方面的持续改进项目
▶ 负责原材料的补充	▶ 负责管理区域内的所有运营成本	▶ 负责与现场工会建立和培养成熟的关系
▶ 负责快速解决生产线上的停机问题	▶ 负责制定和维护生产标准	▶ 负责确保支持职能部门（工程、质量等）提供充足的服务
▶ 负责操作员的多任务分配和多技能培训	▶ 负责使每位班组长的贡献得到显著提升	▶ 负责使生产经理的贡献得到改善

注：以上仅为示例，并非每个角色的完整责任清单。

澄清报告周期的交付成果

基于角色的贡献描述，定义了适合任职者的贡献性质。然而，任何以角色为基础的贡献描述都会受到以下方面的限制。

▶ 基于角色的描述不够具体。它们没有明确规定个人在下一个报告周期内需要交付什么，以对预期成果产生积极影响。两个人可能在履行相同的角色，但由于外部需求不同，他们可能需要在未来专注于截然不同的交付成果。例如，X 省的省级执行官面临的问题可能与 Y 省的省级执行官面临的问题非常不同。因此，即使他们都是省级执行官，但他们在下一个报告周期中的贡献性质也会不相同。

▶ 基于角色的描述是静态的。它们假设每个人在角色中的任务成熟度是相同的。实际上，一个在某个岗位上只工作了六个月的人，不可能像一个在该岗位上工作了数年的资深专业人员那样做出同样的贡献。

▶ 在基于角色的描述中，领导者需要给予直接汇报人的关心和成就往往过于笼统。诸如"定期反馈所有直接汇报人的标准贡献"或"确保他们拥有完成工作所需的工具／资源"之类的陈述都是空话。它们没有具体说明每个直接汇报人在报告期内的成长变化，而这些变化构成了领导者关心和成就其直接汇报人时所做的贡献。

对关心与成就的贡献：通用

关心

1. 非常了解自己的员工，对他们作为人而感兴趣，而不仅因为他们是员工。
2. 为员工服务，而不是相反。服务，是向下的，而不是向上的。
3. 无论是在团队会议、一对一会议，还是现场"观看比赛"，花费足够的时间与直接汇报人在一起。
4. 倾听并尊重直接汇报人的观点和意见。与员工的关系是相互信任和尊重的

方法

1. 确保员工了解企业的使命、愿景、价值观和目标；
2. 确保员工了解对他们的期望，以及他们的工作对实现应有的成果做出的贡献；
3. 确保员工拥有完成工作所需的工具／资源；
4. 确保组织架构、系统和流程能使员工做出应有的贡献；
5. 确保员工拥有开展工作所需的决策权

能力

1. 确保正式的培训和发展是有效的，会使员工具备胜任工作所需的能力；
2. 培养员工对企业业务的了解，并了解企业的运作方式；
3. 有效地教练式指导其直接汇报人，使他们明确如何开展工作，以及为什么要开展工作；
4. 通过定期回顾，有意识地改变员工的责任，促进员工成长

问责制

1. 让员工对他们的贡献负责,而不是对他们得到的成果负责;
2. 定期对员工的贡献进行回顾或反馈;
3. 对蓄意、恶意的人进行惩罚,对粗心大意的人进行谴责;
4. 认可或赞扬那些为制定标准做出贡献的人;
5. 奖励那些坚持不懈地做出额外努力的人

鉴于上述原因,应遵循以下两步来澄清贡献。

1 　　**第一步**,是明确优先事项 / 当前需要关注的成果。关键成果,既可以直接从计分卡上获取,也可以根据当前的关键问题和成功指标（如果这些问题和指标得到解决）来确定。明确了成果,就可以明确每个人需要做出的贡献,从而对要实现的成果产生积极影响。如果没有这样的前提,人们需要做的事情可能是任何事情。

2 　　**第二步**,是确定每个人可交付的成果。这是对每个人在下一个报告期内需要实现或产生的价值的明确界定。

报告期可以长短不一,但最好不超过 90 天。这是因为,在未来 3 ~ 4 个月内需要交付什么相对比较容易。超过这个期限,贡献就会变得越来越模糊。90 天的期限还提供了灵活性。如果所做的工作没有产生所需的成果（前面概述的贡献 / 结果矩阵中的可能性三）,那么可以在下一个报告周期采取不同的行动来交付成果。

分派的交付成果,需要符合以下标准。

▶ 应该为取得成果做贡献。如果个人的贡献与成果之间没有联系,那显然就不应该做贡献。但情况并非如此,举例来说,如果说服债务人付款（讨债人的贡献）与银行存款（预期结果）之间没有任何关系,那就没有理由设立讨债人的工作岗位了。

标准

- 在视线范围内;
- 独特的;
- 具体且明确的;
- 适当的;
- 可管理且具有挑战性的;
- 有时间限制的。

▶ 应该是独特的。因为这是针对某个时间点上的某个人及其所处的独特环境而设计的。其独特性还在于，任何交付成果都只能分配给一个人，一旦有多于一个人对可交付的成果负责，就没有人负责了。

▶ 应该是具体且明确的。以便能够回答这个问题："是否已完成 / 交付？"如果回答"是"，那么接着问："是否按标准或高于标准完成 / 交付？"

▶ 应与组织中的角色或级别相适应。在适当情况下，担任领导职务的交付成果应主要是赋能他人（通过关心、方法、能力和问责制），而不是直接促成成果。

▶ 应该为个人提供成长机会。也就是说，应该同时具有挑战性，但又是可实现的。

▶ 应该是有时间限制的。也就是说，具体到接下来的 90 天或适当的报告周期。

澄清贡献的障碍

澄清贡献，是持续进行的贡献回顾周期中的一项重要内容，这个周期贯穿全年。总之，在对前一组可交付成果进行回顾之后，总共需要在十二个月内确定三组 90 天可交付的成果。

定期和持续地澄清贡献并非易事。从经验来看，要使定期澄清贡献的规则在组织中根深蒂固，需要克服以下两个障碍。

第一个障碍，是人们发现编写 90 天的

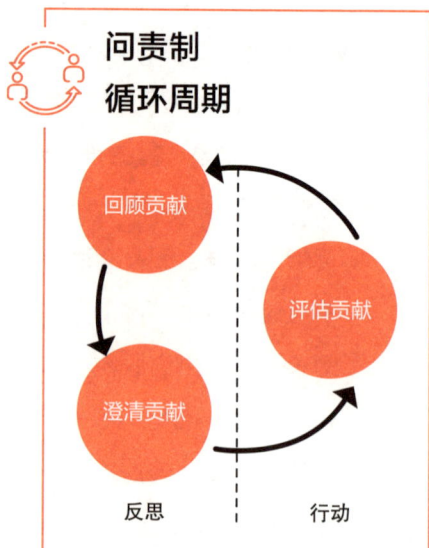

**问责制
循环周期**

回顾贡献

评估贡献

澄清贡献

反思　　　　　行动

可交付成果很难做到。学习如何正确完成这项工作需要时间。一般来说，在达到无意识的能力之前，需要三到四个周期。许多人根本就没有准备好通过学习来达到这一目标。

第二个障碍，是澄清贡献所带来的回报并非立竿见影。我想到的比喻是锻炼，起初，人们只会意识到正在经历的辛苦和挣扎。只有坚持一段时间后，才会明显地感觉到其中的收益。

贡献和可交付成果中的典型错误和缺点

成果 / 贡献

	成果	贡献
将第三季度利润差异增长到年初至今 17 万美元	✓	
要求操作人员遵守调度标准并对此负责		✓
100% 推广质量计划		✓

从帮助组织中的人员澄清贡献的经验来看，会犯一些常见的错误。其中最常见的有以下几种。

▶ 人们混淆了成果和贡献。他们被教育要从可量化、可衡量的成果的角度来思考问题，因为这是历来被衡量和奖励的标准。他们很难确定自己的独特贡献或个人将产生的影响，也就是他们对所要取得的成果的贡献。例如，

是活动，不是责任

▶ 参加所有工作场所的员工会议；

▶ 每月仔细审查成本；

▶ 每月与产品部、细分市场部、分公司开会。

他们个人必须做些什么，才能帮助实现年初至今（Year-to-Data，YTD）17 万美元的利润差异？

▶ 人们将活动与责任／可交付成果混为一谈。人们说他们要做什么——例如"参加所有工作场所的员工会议"——而不是他们要通过自己的行动来影响／交付出什么。行动／活动／努力本身并不是可交付的。只有当某种东西被影响或生产出来，对其他人有价值创造时，才有交付物。例如，在参加所有工作场所的员工会议后，该人员将交付或者实现什么？

▶ 它们过于模糊或笼统。可交付成果必须具体、明确。它需要明确说明在未来 90 天内将交付哪些对他人有价值的成果。如果交付成果过于模糊，就不可能让某个人对自己做出的或未做出的贡献负责（无论是正面的还是负面的）。

模糊的可交付成果

▶ 发现任何成本浪费时应与员工讨论并采取适当的行动；
▶ 抓住每一个机会宣传"一次机会"的主题；
▶ 成功融合 X 公司和 Y 公司的文化；
▶ 发展与客户的战略关系。

▶ 人们会把 90 天的可交付成果与占其工作 80% 的日常任务相混淆。持续性的例行任务——例如每月的账单——不应包含在一组可交付成果中。应该列入的是少数关键贡献，这些贡献既能对预期结果产生积极影响，又能为负责交付这些贡献的人员带来个人成长。

▶ 90 天的责任，往往要么令人不堪重负，要么相反，是轻而易举的。一套有效的 90 天交付成果应该是可控的，但也是具有挑战性的。

▶ 人们倾向于在多个层级中复制相同的可交付成果。有人会声称自己的交付成果实际上应该是他的直接上司的交付成果。因此，他的贡献与他所处的级别不相称。

▶ 另一个不足之处是，只规定了"需要完成的任务"，却没有规定"完成任务的标准"。任务／可交付成果的标准至关重要，因为这些标准告诉人们，良好的贡献或卓越的交付究竟意味着什么。

▶ 最后，有一种倾向，是提出管理的问责制，而不是领导力的问责制。如像确保、检查、监控等词语与管理相关。另外，领导力是为所做出贡献提供先决的条件（方法和能力），然后让人们对所做的贡献负责。

好消息是，一组 90 天的交付成果在第一次制定时不必完美。改进的机会就在 90 天之后。一位经理回头看了他 18 个月前制定的第一组交付成果，并对我说，他对这些成果的低质量感到尴尬。事实上，作为第一次尝试，这些成果已经很不错。在任何情况下，一个人的努力付出都会随着时间的推移而变得越来越显现。这并不是说要瞬间达到完美。

澄清贡献的益处和回报

澄清贡献，可以以多种方式促进贡献。

▶ 首先，它让人们关注现在和未来。它能帮助人们集中精力去做那些关键的、真正能带来改变的事情。它帮助人们清除日常生活中的杂乱无章，在笼罩着大多数企业"疯狂的忙碌"中，看到真正重要且有价值的东西。

艾森豪威尔时间管理矩阵

	紧急	不紧急
重要	❶（被动）成果；截止日期；危机	❷（主动）关心与成就；发展；休息
不重要	❸ 会议；电子邮件；总部需求	❹ 时间浪费者

▶ 其次，澄清贡献，有助于一个人从被动转变为主动。紧急的问题（无论重

要与否）往往会得到关注。因为紧急，所以要立即行动。而那些重要但不紧急的问题（艾森豪威尔时间管理矩阵的第二象限），只有经过深思熟虑的计划，并且坚持执行计划的情况下，才会得到关注。澄清贡献的过程有助于将人们的注意力转移到重要的事情上，使人们从被动反应转变为积极主动做事。它确保了无论是在个人成长还是成果改善方面，都能真正得到落实。

▶ 最后，澄清贡献是授权。这是因为与成果相比，贡献掌握在自己手中，在自己的掌控之中。当人们把注意力集中在自己能做些什么的时候，他们的能力就会明显增强。

克服澄清贡献的障碍

上述所有的益处都是事实。然而，同样真实的是，一个个体在特定时期内，对一组可交付成果的承诺是有风险的。在做出这种承诺时，他所承担的风险要比他同意一组目标时的风险大得多。这是因为，人们总是有可能把达不到目标的情况合理化，把达不到目标的结果归咎于外部因素。然而，未能做出商定的贡献则是另一回事。如前所述，贡献是掌握在个人的手中，如果不能实现，就再也没有地方可以躲藏了。

值得注意的是，承诺做出具体贡献所固有的风险最初是显而易见的。另外，这样做的好处——专注、积极主动、成长和授权，只有随着时间的推移才会显现出来。

要克服上述非常现实的障碍，应做到以下几点。

▶ 人们需要有机会练习编写可交付的成果。他们必须有足够的空间和时间来提高这项工作的能力。为此，内部和／或外部教练可以帮助人们提高这项工作的专业技能。

▶ 当人们正在学习如何澄清贡献时，不应对他们的贡献进行评估或奖励。这是因为，如果过早地将评估／奖励与明确的贡献挂钩，人们的关注点就会从真正寻求做出力所能及的最佳贡献，转移到确保最大限度地获得奖励上来。

▶ 根据经验，只有当人们被要求这样做时，他们才会坚持到底，直到他们开始意识到它的好处。换句话说，澄清贡献不能是一个自愿的过程。如果组织成功地实施了 90 天的交付过程，主要原因其实是高级管理者坚持要完成这个过程。除此之外，人们还要为此承担责任。

随着时间的推移，人们会发现，定义贡献所带来的好处远远大于付出的努力。他们不禁要问："为什么我曾经用其他的方式？"

第六章
关心以及时间维度与注意力维度

    关心与成就的概念经常被误解。关心常常被误认为是粉红色的、毛茸茸的东西，而成就则被混淆为工作场所民主化，或员工在职业生涯中的自主权等理念。正如一位管理者半开玩笑地说："在这个组织里，关心意味着'原谅我所有的罪过'，成就的意思是'提升我的等级'。"

    作为任何合情合理的领导力的权力关系中的首个，关心的真正含义是什么，以及它在工作中，又如何在领导他人的前提下转化为实践，概述如下。

关心的含义

要理解关心的真正含义，我们需要首先驳斥一些关于关心的谬见，这些谬见在许多组织中仍然有着影响力。

1　谬见一：
企业的关心

第一个谬见，与企业在关心员工方面所扮演的角色有关。

在组织中，常听到的一句话是："企业（XYZ）对员工的关心已经大不如过去。""过去"，可能是两年前、十年前，甚至二十五年前。我们对这种抱怨的典型回答是："当然不是。"企业从未关心过，也永远不会关心。企业不可以关心人，但，人可以关心人。将人类独有的特征或品质归因于非人类或无生命的物体，如组织，显然是荒谬的。用专业术语来说，就是把"企业"拟人化了。

一个特别可笑的例子，是**客户关心系统**的出现，该系统旨在代表企业对客户完成"关心"工作。在客户生日那天，系统会很方便地自动生成一条"生日快乐"的信息发给客户。但，系统也可能在第二天自动发出一条撤销同一客户账户的威胁。

企业 XYZ

企业座右铭

" 我们关心你。"

> 我的一位 75 岁的朋友被银行的做法激怒了，他威胁银行要撤销自己已经开设 50 年的账户。半个世纪过去了，他和银行之间仍然没有任何有着人情味儿的关系，他，只是一个数字，是银行达到其目的的手段。

2 谬见二：
关心，就是照顾员工的身体和物质需求

第二个谬见是，关心员工在某种限度上等同于良好的工作条件和员工福利。换句话说，管理层对员工的关心程度体现在企业的设施和薪酬水平上。

但事实上并非如此。20世纪80年代，我对南非金矿的信任度进行了开创性研究，为**合情合理的领导力**模型奠定了基础。研究发现，矿上的生活和工作条件丝毫不会影响员工对管理层的信任。在一个条件非常好的大型现代化矿山，员工对管理层的信任度比其他任何矿山都要低，包括那些条件真的像狄更斯时代笔下的矿山。

以上所述，并不意味着员工的身体和物质需求不应得到管理层的关注。撇开立法要求不谈，这只是企业的成本之一。

> 最近的一个例子，我的一个朋友开了一家锯木厂。在经营这家企业的三年里，他为工人提供了体面的住宿设施和一流的安全设备，同时工资增长了120%。尽管如此，工人们仍然不满意，他们加入了工会。现在劳资关系问题还在困扰着他。

在实际条件很差的情况下，员工理所当然地将这一事实作为缺乏关心的证据。矿工们在矿井扩大、员工人数翻番之后，仍在使用之前建造的更衣室设施，这显然是缺乏关心的证据。同样，呼叫中心的管理者坐在装有空调的豪华办公室里，而他们的接线员却在楼下狭窄、闷热的隔间里工作，人们可能认为他们对员工的关心不够，这并非不公正。

当工作条件不人道或危及员工的生命或者健康时，可以说这是管理层不关心员工。英美资源集团（Anglo American）时任首席执行官辛西娅·卡罗尔（Cynthia Carroll）采取了史无前例的行动，即暂时停止了该公司一些铂金矿的生产，因为这些矿的安全状况令人无法接受。据称，她曾说过："我们正在'杀害'我们的员工，因为我们对他们的关心不够。"如果她说了这些话，那么这些话是刺耳的，也是管理层难以下咽的苦果，但她可能是对的。

即使物质环境令人愉悦，但管理层不关心员工的观念往往依然存在。我曾经问过一位在公司服务超过三十年的高级经理，为什么他认为他工作了这么多年的公司不再关心他了，他的回答让我震惊。他眼中含着泪水说："他们拿走了我的报纸。"

在他和许多同事的心目中，缺乏关心等同于剥夺了曾被认为是员工应得的特权，如公司贷款、住房支持，或以优惠价格获得公司产品的机会。

显然，无论是继续实行上述那种家长式的人力资源政策，还是与之相对应的现代政策——工作场所有托儿所、健身房或礼宾服务——都不是关心的全部。

以员工为中心的政策和措施实际上是"关心胡萝卜"。这些政策和措施会吸引一些人进门，并能在"最佳雇主"调查中赢得一些分数。但是，良好的薪酬、福利和设施并不能替代关心，也永远不能替代关心。

> **良好的薪酬、福利和设施不能替代关心，永远不能替代！**

3　谬见三：关心，是关心专家的工作

第三个谬见是，关心工作可以／应该由该领域的专家来做。越来越多的健康计划、员工援助等通常设在组织的人事或人力资源部门，就证明了这一点；越来越多的专业人士、心理学家、生活教练等从组织外部被请来，也说明了这一点。

这种谬见是基于这样一种观念，即领导力是通过他人实现成果。因此，人的问题可以安全地交由第三方解决，让领导者能够继续从事真正的工作，创造成果——无论是生产、销售，还是利润最大化。

这种观念是一种谬论。它否认了这样的一个事实，即管理者要求员工交付、对员工行使自己的权利，并不是因为自己的级别或支付了员工工资而被赋予的。相

反，管理者只有在真诚关心员工的情况下，才有权要求员工做事、交付成果。

如果无视这一事实，把关心当作管理者职责之外的工作，不仅是错误的，而且是危险的。

在一家制造企业中，主管们将自己的工作视为生产，这是可以理解的，因为这是对他们进行衡量和奖励的依据。结果就是，员工们把自己担忧的问题告诉他们的员工代表。在解决这些担忧问题时，员工代表与负责这个领域的上级经理联系，问题得以解决。员工代表向员工传达的信息是："我已经解决了你们的问题。看我有多关心你！"

猜猜谁被信任了？猜猜工人们对谁忠诚？猜猜谁在管理这个地方？

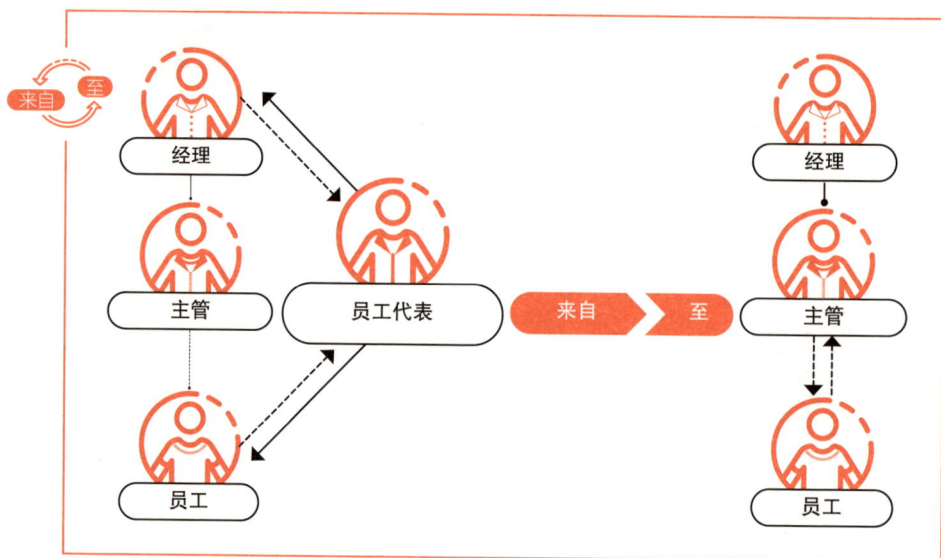

对该公司员工意见的初步调查显示，员工最有用的信息来源是他们的员工代表和同事（小道消息）。两年后，人们更加重视来自管理层的信息来源。特别是直属经理的排名从第六位上升到第三位。

领导层在员工心目中重新获得合情合理的地位，不是通过攻击工会，而是通过与员工互动，为他们做他们应该做的事——关心他们并成就他们。

将人的问题交由人事部或人力资源部门处理也同样存在问题。在南非金矿进行的研究再次表明，只有当担任领导职务的人被认为对员工的问题表示同情时，员工才会对管理层产生积极的信任。

员工的有用信息来源

起初		两年后
1. 员工代表；		1. 海报和招牌；
2. 同事们；		2. 部门会议；
3. 部门会议；		3. 直接经理；
4. 海报和招牌；		4. 管理宣传册；
5. 管理视频；		5. 同事们；
6. 直接经理；		6. 健康安全管理委员会；
7. 通知板；		7. 管理视频；
8. 管理宣传册；		8. 工会干事；
9. 工会会议；		9. 员工代表；
10. 公共电视。		10. 部门经理。

在这方面，即使是最好的人力资源部门，也不能代替管理者。员工不会被愚弄，管理者可能会利用部门提供的关心服务和项目，但他们知道这些是对管理者职责的推卸，因而，员工也会有自己相应的表现。

人员的职能部门、心理学家和教练可以发挥作用，但不是代替直线经理的员工关心工作。

关心的前提条件

关心是有前提条件的，而前提条件不是预算！任何管理者要做到关心，首先，必须了解并喜欢为其工作的人，把他们当作人，是人类，而不是人力资源；其次，必须真正做到关心他们。

> 有一次，我请一位经理给我介绍他下属中的任何一个，他手下共有十七个人，都直接向他汇报。他告诉我，维克多是"一个勤奋工作的人，总体上很可靠，工作能力很强"。然而，对于维克多这个人，他却知之甚少。尽管维克多已经在他手下工作了七年多。

在我们的"关心的真谛"工作坊中，我们有时会要求管理者为其每位直接下属完成一份"关心测试"。

这个练习的有趣之处在于分数的范围。有些管理者得分很高，甚至在团队中他们最不了解的人的身上也得分很高。还有一些人震惊地发现，即使对于自己的员工，了解也如此之少。

管理者对员工个人情况的了解程度主要取决于他们对员工的关心程度。关心员工的管理者会经常谈论员工，而不是闲聊。当这些管理者谈论他们的员工时，他们会变得生动活泼；而那些不关心员工的管理者则恰恰相反。根据观察，这些管理者只有在谈论业务时才会生龙活虎。

管理者对员工的了解程度会受到员工的关注和重视。AEL 矿业服务公司的工厂经理罗斯·达菲（Ross Duffy）不用别人提醒，就知道工厂里所有 300 名操作员最喜欢的足球队，因此他备受推崇。同样，一家大型零售银行的首席执行官也因为在 18 个月前的一次简短谈话后询问一个孩子，他是否还在为他的工程学位而苦苦挣扎，而成为传奇人物。

然而，要做到关心，领导者不仅要了解自己的下属，还要尊重他们。从经验来看，情况并非总是如此。

> 在一家公司，与我交谈过的大多数管理人员都对员工非常消极，甚至近乎敌视。员工们一直被归类为"懒惰""傲慢""过分在意自己的权利""不愿意接受权威""有不切实际的期望""有一种应得的心态"。

他们的看法正确与否不是问题的关键。问题的关键在于，只要当权者普遍持有这些观点，就很难和员工建立起相互信任和尊重的关系。简而言之，作为管理者，如果既不尊重他人，也不真心关注他人，那么就很难关心员工。

以上可能是一个极端的例子。尽管如此，直接汇报人在合情合理的领导力评估中对两个问题的回答，还是能说明问题。

最高分：+10 最低分：−10	
▶ **领导者 A**	
我的经理尊重我	5.3
我也尊重我的经理	5.6
▶ **领导者 B**	
我的经理尊重我	−0.9
我也尊重我的经理	3.5
▶ **领导者 C**	
我的经理尊重我	6.8
我也尊重我的经理	2.7

领导 B 和领导 C 的结果都有问题，但领导 B 的问题更大。一位不尊重其员工的管理者是得不到员工的尊重的，他的不尊重的态度，其员工会凭直觉知道的。

让管理者去爱自己的下属可能不太现实，但，如果没有把下属当成人来看，关心就根本不能实现。

关心的本质，是意图

从上述情况清楚地看出，关心，是一个人为另一个人所做的。在工作中的合情合理的权力关系背景下，是领导者为其下属所做的事情。管理者要做到关心，就必须了解并尊重向其汇报工作的人，把他们当作人，而不是人力资源。

然而，关心的本质是意图，而不是行为。关心一个人，本质上就是把对方的最大利益放在心上。归根结底，这是一个在用心，而不是在用脑的问题。

20 世纪 80 年代，我在南非金矿行业开展的"信任"研究中，首次认知到了这一点。在科层制度中，无论在哪个层次的管理人员，被接受或拒绝的标准都非常简单：管理人员是否真正关心员工的福祉。只有在这个基础上，才能给予或拒绝信任。

在合情合理的领导力工作坊中，当参与者反思他们曾经共事过的"最好"和"最差"的上司时，证实了核心标准是意图。

区分"天堂型上司"和"地狱型上司"时，不是他的履历、性格类型、智力水平、人际交往技巧、管理风格或行为方式，重要的是他的内在，而不是外在。

"天堂型上司"与"地狱型上司"——你何时 / 如何知道?

天堂型上司	地狱型上司
"由于家庭原因，工作上的事情一团糟。在那段可怕的日子里，她一直在我身边。"	"我真的需要她的支持。但如果这意味着要她冒着职业生涯风险，她是不会为我挺身而出的。"
"在他退休的最后一年，他把他所知道的都教给了我。我比他小 22 岁，但在他退休后，他们把他的工作交给了我。"	"一切都是关于他的。他是英雄，是做所有事情的人。他让我觉得自己很渺小。"
"当结果好的时候，她并没有独占所有的荣誉。她总是对我和其他人的成功给予肯定。"	"他从不倾听，我们之间单独的谈话都是一边倒。即使我有自己的计划，重点也应该放在他认为重要的事情上。"

意图测试很简单：为谁的利益服务？这个人准备在多大限度上为了我的利益而放弃他自己的议程？管理者在与直接汇报人的每一次互动中都要面对这一考验。直接汇报人的利益得到的扶持越多，管理者在直接汇报人心目中的地位就越高，他就

越受到信任，直接汇报人也就越愿意为他付出更多。一个人的自身利益确实是通过为他人的最大利益服务而得到最好的满足。

显然，从恶意／自私到仁慈／服务他人，是一个连续统一体。好的父母都本能地把孩子的利益放在首位，因为他们无条件地关心孩子。好的管理者会把员工的利益放在第一位。然而，对于大多数管理者来说，这并不是一种无意识或本能的行为，而是他们经过深思熟虑后做出的选择，是长期培养出来的。

意图和注意力

一个人关心什么，首要指标是他的注意力在哪里，他把时间花在哪里。如果一个人每周工作 70 小时，周末却在高尔夫球场上消遣，那么他就不太可能让他的家人相信，家人才是他生命中真正的重中之重。

因此，言下之意就是，一个关心他人的领导者会确保在他的员工身上花费足够的时间和注意力。如果情况不是这样，他的员工只能得出一个结论：对于这位领导者，其他事情比自己的员工更重要。

领导者之所以没有把足够的时间和注意力花费在关心和成就自己的员工身上，通常有两个原因。

首要原因是方法问题。

在这里，管理者的直接汇报人数是关键的方法变量，因为一个管理者能够有意识地关心和成就的人数是有限制的。尽管如此，在一些组织中，团队领导会被分派 60 ~ 70 名直接汇报人。即使工作是常规、重复的，而且与领导者位于同一工作区域，要关心和成就这么多人也是不现实的。对拥有十几名直接汇报人的高级管理者也是如此。在这两种情况下，唯一的补救办法就是改变组织架构，让那些担任领导职务的人拥有可管理的范围。

关心与成就
对成果的贡献

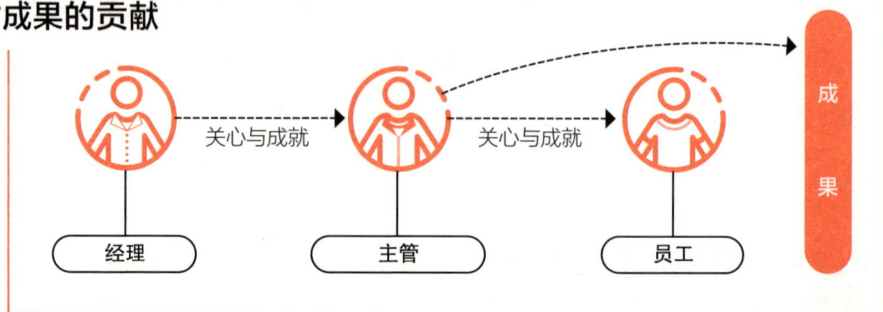

| 经理 | 关心与成就 | 主管 | 关心与成就 | 员工 | 成果 |

当一个人既要对成果做出直接贡献，又要赋能让他人也能这样做，他在关心和成就自己员工的方面往往也会受到影响。一个典型的例子是，销售经理既要领导销售团队，又要对主要客户负责。在这种情况下，销售经理对员工的关心与成就的职责，不可避免地会被放在次要位置上，甚至根本得不到重视。解除经理的个人交付任务是解决这一问题的唯一持久办法。

事实上，有许多切实可行的方法，可以让管理者在员工身上有足够的时间和注意力。

▶ **规定用时标准**。在某轮胎公司的工厂里，轮班经理被要求每班有 $X\%$ 的时间花在工厂车间里，这对废品率的良性影响是巨大的。在多乐士南非公司，一位销售总监为他的地区销售经理提出了 2×2×1 的公式，即每花 1 个单位的时间在行政事务上，就要花 2 个单位的时间在一对一或团队讨论上，以及花 2 个单位的时间在现场指导销售人员上。至于销售经理们如何安排自己的时间来做到这一点，则由他们自己决定。

▶ **确保地理位置接近**。最明显的一点是，要让经理尽可能靠近他们的员工。一家公司将工厂经理从管理办公区搬到了工厂内的办公室。在 MBD 信贷解决方案公司，呼叫中心的每四名组长只配备一个工作站。这意味着团队领导 75% 的时间必须花在现场，而不是计算机屏幕后面。

▶ **尽一切可能，减少管理者躲在会议里远离员工的时间。** 如江湖笑谈，大多数管理者每周要花 16 个小时开会、8 个小时准备会议，还有数不清的时间从会议中恢复过来！将会议时间安排为通常分配时间的一半，只允许员工参加议程中与他们相关的部分，有选择性地安排参加会议的人员，甚至（如一家赖氨酸工厂的做法）可以站着开会，如果这样做有帮助的话。一位经理坚持认为，与直接汇报人的会议要在直接汇报人的工作区域内举行。他的一位直接汇报人告诉我，他都不知道自己经理的办公室是什么样子，因为他从来没有去过那里。

▶ **给予管理者完全的自由和权力，让他们自己决定何时、在何地工作。** 在这方面，里卡多•塞姆勒（Ricardo Semler）的"七天周末"概念和查尔斯•汉迪（Charles Handy）的"组合生活"理念都很有启发性。一个简单的开端是，让一位经理在其他人忙于应付交通堵塞时处理电子邮件，这样，当他上班时，就可以将他的注意力关注他的员工了。

▶ **提供清晰明确、为数不多的优先事项。** 人之所以没有足够的时间，原因之一是上面的人要求他们同时做太多的事情。其结果就是所谓的"集体狂热"。促使人们关注关键事项（见第五章），可以真正让人们的时间和注意力集中起来。

艾森豪威尔 时间管理矩阵

	紧急	不紧急
重要	❶（被动）成果；截止日期；危机	❷（主动）关心与成就；发展；休息
不重要	❸ 会议；电子邮件；总部需求	❹ 时间浪费者

然而，管理者没有给予员工足够的时间和注意力的主要原因，不是因为他们缺乏这样做的方法，而是他们没有**意愿**刻意花时间与员工在一起。

从艾森豪威尔时间管理矩阵来看，所有关心和成就的活动（沟通、处理个人问题、辅导、纪律约束等）都属于第二象限活动。它们与成果无关，而是培养实现成果的能力。因此，只有当管理者的注意力从他希望从员工那里获得成果转移到他需要做什么或贡献什么，来赋能优秀员工并获得成果时，这些活动才会发生。

艾森豪威尔时间管理矩阵还强调了这样一个事实，即虽然关心和成就是重要的活动，但它们很少是紧急的。很明显，如果所有员工都在窗外罢工，那么这是一件既重要又紧急的事情！然而，一般来说，关心和成就员工是可以推迟到另一天进行的，通常就这样了。

紧急的事情（艾森豪威尔时间管理矩阵的第一和第三象限）都会有回应，因此会发生，比如处理危机（艾森豪威尔时间管理矩阵的第一象限）和／或回复电子邮件和电话（艾森豪威尔时间管理矩阵的第三象限）。关心和成就员工一事由于不具有紧迫性，因此只有在领导者积极、主动的情况下才会发生，也就是说，领导者会有意识地安排这些活动的发生时间，然后按计划去做。

这既适用于与20名操作员轮班工作的团队经理，也适用于全球企业的营销总监。计划的性质会因背景的不同而有所不同，一个团队经理很现实地知道，关心和成就员工永远不会发生在繁忙的轮班开始和结束期间。安排关心和成就活动的时间通常是在午餐前后相对安静的时段。顺便说一下，这些时间往往是空闲时间，除非有危机（如机器故障）需要处理，否则什么也不会发生。正如一位工厂经理所评论的那样，这些安静的时间是团队经理们"把自己解放"的时间。

斯蒂芬·科维（Stephen Covey）的见解在这里很有用。作为一项练习，他拿了一个大玻璃瓶，旁边放着一些拳头大小的石头，每块石头都代表重要的东西，如配偶、孩子、重要客户等。参与者猜测时通常会低估罐子里能装下的石头数量。然而，已装"满"的罐子并不是真的满。石头之间的许多空隙可以先用砾石片填满，再用沙子填满，最后用水填满。

他的意思并不是说一天中总会有空隙，只要有足够的压力和努力，你就可以在一天中投入越来越多的时间。关心和成就员工的活动就像斯蒂芬·科维的大石头。如果你先把不太重要的活动（碎石、沙子和水）写进日记，那么就没有空间留给真正重要的活动——关心和成就员工。正确的做法是，先安排关心和成就的活动。这样一来，就能把许多活动都安排进去，再把剩下的时间留给那些不那么重要的事情。正如斯蒂芬·科维所说："最重要的是，让最重要的事情成为最重要的事情。"

领导力日记

在写领导力日记之前，领导者可以先从实际的日记条目中回顾一下自己的时间究竟花在了哪里。我们建议领导者使用以下过滤方法来完成这项工作。

▶ 计算在艾森豪威尔时间管理矩阵的第一象限、第二象限，以及第三象限中花费时间的百分比。显然，没有人会在日记中把时间花在象限四中。

▶ 与"向上服务"（与高层管理人员议程有关的事宜，或与直接实现组织成果有关的事宜）相比，"向下服务"（与关心和成就直接汇报人及其相关事宜）的日记条目的数量。

▶ 花在每位直接汇报人身上的时间与其实现的绩效之间的关系。如果不是正向趋势，那么注意力是集中在明星员工身上，还是问题员工身上？

▶ 在八项关心与成就他人的活动（沟通、处理个人问题、辅导、团队关系、惩罚、奖励、授权和咨询）的每一项中，哪些活动花费的时间充足？哪些活动花费的注意力有限？

分析观察所花时间

▶ 25% 的时间在第一季度。过于参与操作。
▶ 花太多时间在会议上。
▶ 邮件太多（在第四季度每天1小时）。
▶ 目前在关心与成就上花费不到20%。应该至少达到40%。

在分析时间花费在哪里时，会浮现出一些新主题，这些主题在写领导力日记时需要牢记在心。

显然，关心与成就是一种面对面的活动，不是通过电子邮件就能有意义地完成的！此外，关心与成就主要发生在以下三种情形中的一种或多种——一对一的讨论、团队会议或者在直接汇报人的工作现场。

从逻辑上讲，领导力日记的出发点是让领导者确定个人会议、团队会议以及在该领域花费时间的适当频率，然后据此写日记。

与此相关，领导者还应该考虑到他的每一个员工，并对自己提出这样的问题："我需要给这个人提供哪些1～2个优先事情，以帮助他在自己的岗位上取得成功？"

请注意，在这里，领导者可以给予的只有七种可能：关心、方法、能力、惩罚、谴责、表扬和奖励。无论应该给予每个人什么，都应在不久的将来——即在未来90天内——转化为领导者日记中的具体条目。

为每个直接汇报人选择两个优先领域

	约翰	朱迪	索尼娅	佐拉
关心	个人问题			
方法		澄清标准，并确认新角色的权限		
能力				指导她用新的销售系统
表扬/认可				公开感谢她的上一份工作
奖励				
谴责		警告她注意力不在工作上		
惩罚			解雇她	

随着情况的变化和人员的成长，领导者需要给予每位直接汇报人的东西显然也

会发生变化。重要的是，不管需要给予每个直接汇报人的是什么，都应持续反映在管理者的日记中。

总之，关心，简直就是成就员工的许可证，是成就员工的基石。想要成就员工，发挥他们的最大潜能，就要求领导者不能容忍平庸，并做好准备，不惜一切代价使员工获得成功。

即使是管理者最严厉的行为，直接汇报人也会接受，但，前提是他相信管理者的所作所为是以他的最大利益为出发点的——如果他相信直接上司真的关心他的话。

如果缺乏真正的关心，领导者可能会取得成果，甚至受到尊重，但他永远不会赢得员工的信任、忠诚和承诺，而只有当管理者真正关心员工时，才会产生这种效果。

第七章

通过移交控制促进成就

　　从本质上讲，领导者成就员工的"角色"类似于园丁。园丁并不是种植橡树，而是创造一个有利于橡子破壳而出、直冲云霄的环境。

　　同样，领导者也不会让自己的员工成长。一个人不可能让另一个人成长。领导者所能做的最好的事情，就是提供一种环境，让他的员工在这种环境中成长，而不是阻碍其成熟和成就。

🌰 授权 / 成就

园丁，并不能成就橡树

 ## 成就的迹象

 **成就的迹象**

在生产力、绩效、能力、意愿、晋升、士气和成果等领域的增长。

衡量关心的主要行为标准是时间和注意力，因为领导者关心的是他注意力集中的东西，以及他把时间花在哪里。

衡量成就的标准是不同的。鉴于成就是一个随着时间推移而发生的过程，成就体现在人们在成长过程中发生了哪些变化。

当人们被要求提出一个单一的指标来证明成就正在发生时，他们所建议的变化包括"更高的生产力""更好的业绩""更强的能力""更强的意愿""更高的士气""职业发展"等。

授权

"成果的提高，并不总是与成就人有正向关联。"

"成就，并不意味着'加快我的晋升速度'。"

尽管这些变化可能是有利的，但我们认为，这些都不是成就的主要指标。

成果的提高并不总是与成就人有正向关联，也可能出于各种与人的成熟无关的因素。同样，员工即使没有发展或成长，也会有积极、主动的感觉，或获得晋升。

证明真正成就的关键是变化，是自主做决定范围的变化，是决策权力的变化以及问责制的变化。如果人们不能独立做出他们以前没有做出的决定，如果他们所负责的事情没有改变，那么领导者成就其员工的努力就是失败的。

成就，或授权，要求领导者不仅仅征求人们的意见，还要听进去他们的意见，然后再做出决定。这意味着放弃权力，把权力交给他们，让他们自己做决定。最终，

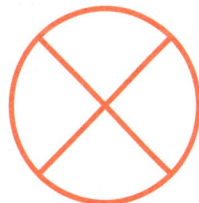

赋权

（权力／控制）

这意味着要接受他们的决定，即使这个决定与领导者原本做出的决定背道而驰。

事实上，这种情况就发生在涂料生产商多乐士南非公司（Dulux South Africa）。新上任的营销总监提出了一个与众不同的新广告宣传方案，标语是"你能想到的任何色彩"。总经理坚决反对。自品牌建立以来，"多乐士"品牌只与一种东西联系在一起，那就是一只又大又可爱、毛茸茸的牧羊犬。尽管如此，他还是说："你是营销总监，你来决定。"

权力移交后，控制权也随之移交。一旦停止控制，就不再可能预测或管理结果。正如乔和弗雷德的例子所示，在乔的案例中，结果是可预测的，也是肯定的，结果将与 2010 年一样。然而，在弗雷德的案例中，结果已经无法预知。结果可能比 2010 年更好，也可能更糟。

在多乐士南非公司的案例中，广告活动最终取得了惊人的成功，销售额增加，并获得了一系列奖项。同样，该活动也可能严重损害"多乐士"品牌的形象！

假设我对弗雷德和乔都要做的工作非常了解，因为我在 2010 年做过这项工作。

"乔，2010 年我做了你必须做的事情，我做的事情很有效，不要和我争论。照我做的去做。"

"弗雷德，2010 年我做了你必须做的事情，我做的事情很有效。这可能对你有帮助。你可以看看。"

工作场所的民主化？

因此，领导者只有在放弃权力的时候，才会赋予权力。只有剥夺了管理层的权利，才有可能赋予员工权利。

管理者通常可以理所应当地"支持"和"反对"决策权的移交。

赞成"工作场所民主化"的理由包括：减少监督层和审计职能等形式的管理费用；减少等待上级批准所浪费的时间；由更接近行动的人做出更好的决策；组织更具弹性和适应性，减少对高层少数人的依赖；员工更加投入，不再因被过度管理和控制而产生怨恨；提高各级人员的创造力、创新力和主动性等。

反之，也有人认为，民主化进程缓慢而烦琐；民主化会削弱生产力和效率；民主化会导致精力分散而失去重点；让缺乏技能或不值得信任的员工自己做决定，这样做的风险太大；经验表明，许多员工不愿承担责任，而是希望管理层替他们做决定等。

工作场所的民主化
赞成

- ⊘ 减少官僚；
- ⊘ 韧性；
- ⊘ 适应性；
- ⊘ 主动性；
- ⊘ 创新性；
- ⊘ 员工参与；
- ⊘ 发掘集体智慧。

工作场所的民主化
反对

- ⊗ 耗费时间；
- ⊗ 效率低下；
- ⊗ 失去重点；
- ⊗ 精力耗散；
- ⊗ 缺乏协商一致的共识；
- ⊗ 追求自身利益；
- ⊗ 不合理的风险；
- ⊗ 无法预测的结果。

毋庸讳言，辩论的双方，各方观点都能令人信服。实际上，更关键的问题是：两者之间究竟哪一方占上风？

目前状况

如果人们确实被赋予了权力，这不仅体现在决策权的下放，还体现在官僚机构的减少、等级制度的扁平化、支持职能的增强以及以政策而非规定为指导的行动上。

授权计分卡

类别	分数 1~20
1. 垂直赋权	7
2. 减少官僚主义	9
3. 扁平化层级	12
4. 赋能支持职能部门	8
5. 行动由政策指导而非程序指导	8
总计（最多 100%）	44%

目前尽管还没有国际公认的授权标准或格式来衡量企业在这方面的表现（见授权计分卡），但与**合情合理的领导力**多年来合作的大多数组织都没有得到很好的评分。事实上，在我们的客户中，只有极少数企业充分赋予了员工权力。在我们的咨询工作中，我们并不总是能够成功地帮助他们真正解决控制权问题。

虽然管理可能变得越来越高效，但控制肯定是更多而不是更少。尽管为了节约成本，企业努力减少层级、裁减员工队伍和消除文书工作，但大多数员工并没有更好地掌控自己的生活。

具体表现如下。

▶ 大多数决定都是由高层做出的。在这里举的采矿背景下的例子并不少见，授权的范围是巨大的。

重直授权

决策	现在谁做决定？	谁应该做？
请假批准	部门主管	直接经理→最终责任人（员工）
任命决定	总经理	生产经理
从仓库发放材料	矿井监督员	发起人
惩罚（解雇）	总经理	仲裁官（直接经理／上一级经理）
预算控制	部门经理	矿井监督员
加班批准	高级工程师	工程领班

▶ 在费用中心和预算项目不断增加的同时，新的、额外的补充程序也在不断发布。即使是小额支出，获得批准也越来越困难。最近，我们花了五个月的时间才批准了一项工作。尽管我们作为该组织的供应商已有八年之久，但我们必须提供大量的信息。他们唯一没有要求我们提供的就是 DNA 样本！当管理者使用**合情合理的领导力**的"杀蛇"方法，来确定他们的横向业务流程中哪些控制可以取消时，他们会对各种可能性感到惊讶。根据经验，不管是什么流程，从采购到预算，都可以用现有步骤的一半来实现。

▶ 在同一个岗位上工作五年的人普遍反映，他们现在做的决定比五年前要少。具有挫折感的不仅仅是底层员工。一位首席执行官最近放弃了他的工作，因为他再也无法忍受不得不将如此多的决策提交给芝加哥公司。

▶ 尤其是在大企业中，职能部门继续增长。通常，职能部门被视为反应迟钝、无法发挥作用，而不是为一线业务创造价值。

未能真正授权是全球现象。一项涵盖 16 个国家和地区的 86 000 名员工的"员工敬业度调查"的结果显示，仅有 14% 的人对工作高度投入。据报道，全球有 86% 的在职员工所付出的努力比他们所能做到的还要少。

同样，加里·哈梅尔（Gary Hamel）在其著作 *The Future of Management* 中提到，全球只有少数几家公司真正赋予了员工权力。值得注意的是，他举出的例子——全食超市（Whole Foods）、WL 戈尔联合公司（WL Gore & Associates）、谷歌、塞氏企业（Semco）、墨西哥的一家水泥厂，以及印度的一家软件开发商——涉及不同的行业和地区。

这并不令人沮丧。恰恰相反，它证明了一个事实：真正的授权不仅是可能的，而且无疑是未来可持续竞争优势的关键。我们面临的挑战是，如何将目前的例外情况变为常态。

激发意愿

要改变现状，首先要有改变现状的意愿。这是因为，变革的能量是变革本身的必要前提。这种能量通常来自对现状的不满和／或对未来的憧憬。"痛苦"和"收获"这两种力量并不一定相互排斥。

危机有时会促使权力和控制权发生变化。我遇到过一些管理者，他们说，当他们的健康和家庭生活让他们不堪重负时，他们就会放手。巴西商人里卡多·塞姆勒（Ricardo Semler）在他的著作《塞氏企业传奇》（*Maverick*）中最形象地描述了他的决定性时刻。在一次前往美国的商务旅行中，他晕倒在波士顿的一家诊所里，被诊断为患有晚期压力症。他被告知有两个选择："继续这样下去，那么你就会被装进裹尸袋回到我们身边；或者改变自己。"当时他25岁！

痛苦

> 控制问题的难点在于，它不是一种急性病，而是一种慢性感染。

在组织层面上，只有当组织处于危机状态时，才会启动转机。面对众所周知的燃烧平台（Burning Platform），如果不是为时已晚，真正的变革就会发生。

然而，控制问题的难点在于，它不是一种"急性疾病"，而是一种"慢性感染"。因此，无论是被控制者还是控制者，都倾向于容忍过多控制所带来的挫败感、愤怒、倦怠和无能为力。

各个层面的人都在抱怨官僚主义，并竭尽全力规避或破坏这一制度。他们选择消极抵抗，而不是公开反抗束缚他们的枷锁。

另外，对未来的美好愿景通过对未来收益的承诺来激发变革。最美好的愿景是清晰、具体、共享和充满憧憬的。

然而，顾名思义，愿景指的是世界在未来可能是什么样子，而不是现在。正如想要苗条、健康和富有的欲望所激发的生活方式的改变，却又会被眼前的果酱、甜甜圈、尼古丁或购物狂潮所迷惑。同样，未来行动的目标是建立在自由而非控制的基础上。

放手和交出控制权的做法带来的真正风险很大且迫在眉睫。但是，这样做的好处却很遥远。

虽然增加积极或消极的紧张关系，可以在某种限度上激发权力的移交，但只有当权者确信他们应该这样做时，才会真正下定决心这样做。

这种信念，只能建立在一种真正的信仰之上，即，使被领导者成为卓越的人才是领导者的真正目的——而不是通过被领导者去实现目标、愿景或取得成果。这种信仰使任何有权力的人都能够有意识地做出选择，那么他的工作就是关心和成就他人。

这种信念是衡量领导者个人成熟度的直接标准。只有在个人成熟的基础上，领导者才能表现出必要的慷慨和勇气，不懈地超越恐惧和贪婪的阻碍，从而确保组织控制的延续和传播。

第三公理的真正精神，即逐步停止控制，能够，且必将实现，但只有当权者最终成长起来时才会实现！

解决控制问题的原则

管理者之所以不愿意切实解决权力和控制问题，可能是因为他们认为这项任务十分艰巨，而且这样做会有风险。如果我们考虑到所有为追求可预测结果而设置的"东西"（见右图控制机制的典型清单），也许就可以谅解他们，他们将解决控制问题视为等同于

控制机制
产生可预测结果的意图

行为准则、门禁卡、目标、程序、预算、报告关系、工作时间、流程、操作说明、岗位描述、权限限制、政策、规则、会议议程、报告、合同、组织架构、系统、审计职能等。

拆析组织本身。

然而，抓住控制问题，绝不意味着对过程中的所有危险视而不见，而去全盘抹杀构成组织的系统和结构。

控制，在任何企业中都起着至关重要的作用，但它只是方法而不是目的。我们已充分认识到控制的必要性，但只有当控制的目的是服从于授权的意图，即，培养出对自己所做贡献负责的人时，控制才有意义。

处理控制问题是一个持续的过程，而不是一个一次性项目。它既不能在组织架构上，也不能在制度上提供最终的解决方案。然而，任何授权过程要取得成功都必须严格遵守以下三项原则，而不是死板的公式。

① 原则一： 循序渐进	② 原则二： 用问责制取代控制	③ 原则三： 适当地控制

① 原则一：
循序渐进

在实践中，循序渐进地解决控制问题意味着要慢慢来，要有相当的耐心。即使是民主化的领军人物里卡多·塞姆勒（Ricardo Semler），他也曾表示，经过 12 年坚持不懈的努力，他的企业只实现了大约 30% 的目标。

具体来说，第一个原则建议如下。

► 从小事开始，而不是大事。首先，允许员工自己决定穿什么，何时何地工作，参加哪些会议，名片上的头衔（如果有的话），做什么工作以及如何履行职责。进而，在对人员和资金有影响的运营决策方面让员工发挥主导作用。最后，让员工参与战略决策的制定，如产品变化、新市场、资产选址等。

► 这个原则告诫，不要在整个组织范围内进行大刀阔斧的重组，而是允许对组织设计进行一系列有限的调整。同样，这并不意味着不应该调动人员——只是不应该一下子调动所有人。

▶ 这个原则主张通过新的职责和更大的挑战来不断提升员工的能力，但不是不断地把他们扔到深水区，等着看他们是沉下去还是游上来。当然，也不是在员工明显还没有准备好的时候就提拔他们，让他们担任远远超出其能力的职位。

▶ 这个原则要求逐步放宽规则和程序，代之以更广泛的政策和指导方针，而不是抛弃所有的规则，或将所有的文件烧成一堆灰。

▶ 这并不意味着关闭总部和完全解散上级职能部门。但它确实建议削减这些职能，在实地积累专业知识，而不是将其囤积在离行动地点数千米远的总部。此外，它还建议将支持职能从审计和合规职能中剥离出来，将时间和精力重新投入赋能业务部门上。

▶ 这可能意味着在经常提出的许多小想法中进行选择，而不是把一切赌注都押在偶尔的一次大失误上。这肯定意味着鼓励实验，为测试和学习留出空间与时间，而不必每一步都要获得批准。

② 原则二：
用问责制取代控制

控制的真正代价不在于时间和金钱。说来也怪，随着时间的推移，控制的增强实际上会导致控制的缺失。一个关于"丧葬假"的小例子就能说明问题。

根据公司规定，如果往返葬礼的路途时间长，则应休五天而不是三天的丧葬假。然而，批准休假的不是监督员，而是生产总监，他们与丧亲员工的级别相差很多，距离也相差好几千米。获得批准所需

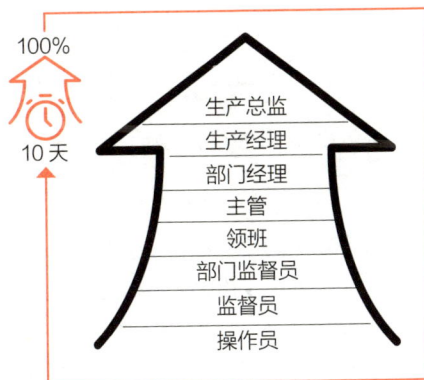

100%

10天

生产总监
生产经理
部门经理
主管
领班
部门监督员
监督员
操作员

的平均时间为 10 天，这实际上意味着丧亲员工在返回工作岗位近一周后才获准休假去奔丧。

此外，在过去的一年里，生产总监对每项申请都签字批准。所有这些控制的效果就是没有控制。

获得控制的方法不是实施更多的控制，而是以问责制取代控制。南非于 2007 年 6 月制定了《国家信贷法》，其既定目的是限制放贷人向无力负担的人提供信贷。然而，要成为一个没有债务的国家，就必须对那些过度消费的人问责。

为了控制，付出的更大代价是缺乏问责制。每当以检查员的形式将控制引入系统时，责任就从执行任务的人转移到了控制任务的人。

> 周末我和丈夫会去距离市区一小时车程的别墅。一开始我们会为轮到谁收拾餐盒而争吵不休，当发现收拾餐盒的人把重要物品落在原来的家里时，一场全面的争吵就开始了。为了让周末有个好的开始，我丈夫自愿打包，条件是我要检查一下里面的东西。我拒绝了这个提议，理由是作为检查者，我将对所有遗漏负责。他的回答是："我们就不能把这些关心和成就的事情留到工作日去做吗？"

只有在事后无人检查他们是否完成任务时，执行任务的人才会承担责任。只有在这种情况下，他们才有可能为自己出色完成的任务负责。

实际上，以问责制取代控制权意味着以下几点。

▶ 当出现偏离标准的情况时，正确的做法不是对每个人都实施控制，而是找出偏离标准的责任人，并追究其相应的责任。

> 年终的前三个月，一家银行发现人员成本与预算有重大出入，于是敲响了警钟。银行立即冻结了招聘工作，而不是查明九名省级行政人员中谁有违规行为，并追究其相应责任。

平均而言，2%～5%的员工会利用雇主的信任。这不是让大多数人（其他95%）接受基于不信任的制度的正当理由。

▶ 每当赋予权力时，问责就随之而来。在赋予人们不受控制的行动自由之前，必须在自主权和问责制（积极和消极的）之间建立紧密的联系。

过去，当经纪人将客户的申请表发送给耆卫保险公司（Old Mutual）时，有两组不同的人（质量控制员和核对员）负责确保客户收到的保单文件正确无误。尽管在这一过程中有许多检查人员，但错误率仍高达20%。当创建了单项工作（保单制作人），并在保单文件中插入保单制作人的姓名后，错误率大幅降低。

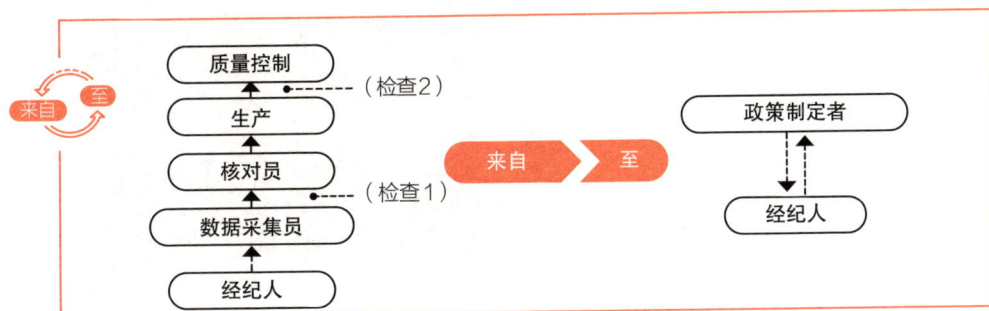

> 在美国的全食超市（Whole Foods），通常由中心做出的决策的是——定价、供应商的选择、店内员工数量和产品的选择，店内促销则由每个店的工作人员和管理人员做出。他们的员工权力很大，但责任也很大。相对于整个连锁店的同类店铺，每家店铺的业绩都是众所周知的。每四周，业绩突出的团队都会获得奖金奖励。他们有做正确事情的自由，并因此也会获得奖励

简言之，如果不同时增强个人的责任感，就不可能逐步停止授权过程中隐含的控制权。

3 原则三：
适当地控制

控制，是成长过程中的一种工具。它是一种"方法"，而不是"目的"。因此，

控制的程度必须与被授权者的成熟程度相称。起点是被授权者当前的成熟程度。随着时间的推移，一个人的成熟程度越高，控制的程度就应该越宽松。

从这个意义上说，布兰查德（Blanchard）的**情境领导模型**（Situational Leadership Model）是有用的，该模型要求领导者根据追随者的需求提供相应的指导和支持。领导者的风格从 S1（指导）到 S2（教练式辅导）和 S3（支持），再到 S4（授权）。在某一时刻，领导者对特定个体采取何种风格，取决于追随者的发展水平。

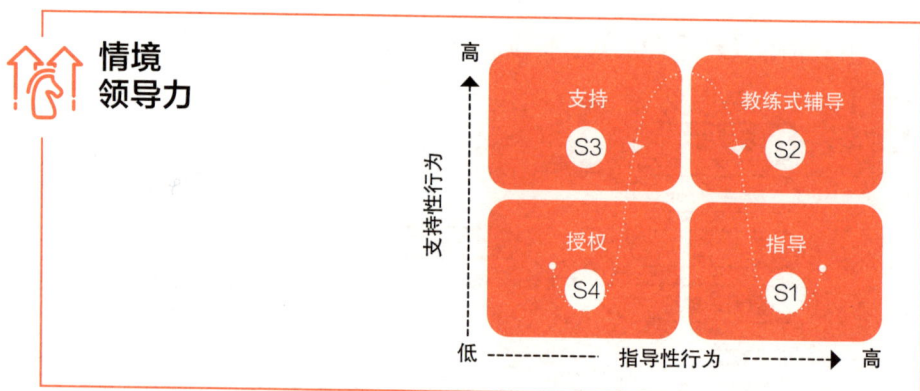

在实践中，过度控制和控制不足都是可能的。如果领导者犯了其中一种错误（过度控制或控制不足），那么追随者的反应就会证明这一点。从能力的角度来看，当员工有能力而领导者过度指挥时，就会引起抗拒；相反，如果领导者控制不足，给了员工一些他们自己还无法处理的事情，就会导致员工失去动力和信心。

从意图的角度来看，当值得信赖的人没有被信任时，他们就会产生怨恨并进行报复。具有讽刺意味的是，在某些情况下，报复的形式使他们变得不值得信任了，这反过来又证明了，领导者最初缺乏对他们信任程度的合理性。

相反，错误的信任，即将控制权交给那些不值得信任的人，会导致领导者失望，并使领导者在未来不愿再次信任。那些不值得信任的人会利用这一点，而那些旁观者可能会得出结论：他们也可以逃脱惩罚。

终于做到了

综上所述，我们可以清楚地看到，在控制问题上取得进展，不应该是在某个宏伟计划的背景下。在最终"做到"之前，需要做以下两个决定。

▶ 首先，决定从哪里开始。是否从某一特定方面入手——无论是纵向授权、扁平化等级制度、减少官僚作风、赋予支持职能，还是从政策到程序的转变，或者是这些方面的组合。

▶ 其次，决定如何确保该进程持续进行，永不终止。

这两个决定都必须适合各个组织及其文化。在整个过程中，必须牢记三项核心原则——逐步停止控制、以问责制取代控制，以及适当控制。

此外，还有两种工具或方法可以帮助管理者。"授权五步骤"是一种逐步停止控制的方法，目的是让个人做出贡献。"杀蛇法"是一种减少和消除横向业务流程控制的工具，从而解放那些为客户服务的人（内部或外部）。

授权五步骤

授权五步骤提供了一个有条理的顺序，让人们在停止控制、授权的过程中有所遵循。

在项目总监授权每个项目经理，加速以及执行相关采购的实例中，这五个步骤将转化为以下内容。

步骤一：确定下一步。决定委托每个项

授权五步骤

1 确定下一步。
2 指导人们采取这一步（为什么以及如何做）。
3 测试能力（为什么以及如何做）。
4 移交方法。
5 追究责任。

目经理使用自己的信用卡。

步骤二：培训（如何做和为什么做）。教项目经理如何将信用卡对账单与公司账目进行核对。向他们解释为什么要给他们信用卡，以及如果滥用信用卡会给项目带来什么后果。

步骤三：测试能力（如何做和为什么做）。测试"如何做"：给每个人一套模拟账目，看他能否对账。测试"为什么"：让每个人解释其所负责工作的重要性。

步骤四：移交方法。给每位项目经理发放他自己的卡。

步骤五：追究责任。解雇滥用信用卡的 X，并将案件移交警方进行刑事调查。授权五步骤既可用于规划授权，也可以用作诊断工具。

每当委托工作不太成功时，就有机会审查为什么会出现这种情况。是因为五个步骤中有一个或多个没有完成或者没有正确完成吗？

下一步是否不够循序渐进？是培训过程不完善，还是没有理解所委托工作的重要性，或者没有理解做不好的后果？是否假定有关人员已经准备好承担责任，而事实上并非如此？是否从未真正移交过权力？一旦受托，是否既没有积极也没有消极的问责？

> 在管理咨询公司，顾问被委托按月提交账单资料，这项任务没有按要求的标准完成。仔细反思后，问题的根源似乎在于第二步和第五步。现金流对企业的影响还不清楚。所有不遵守规定的负面后果都由企业而不是顾问承担。

所有五个步骤都是必要的，但有一个步骤比其他所有步骤都更重要，这就是第五步。除非准备好执行第五步，否则从第一步开始是没有意义的。这是因为步骤一～步骤四是达到"目的"（步骤五）的"方法"。"目的"不是一项委托的工作，而是一个接受问责，并对自己所做的工作负责的人所完成的工作。

杀蛇法

杀蛇法作为一种流程，与现在众所周知的业务流程重组方法有相似之处。这两种方法都要求记录现状（现实中的现状，而不是程序手册中的现状），并要具体说明理想状态。

然而，这两种方法的使用原因却截然不同。业务流程重组的动机是提高效率和降低成本，杀蛇法的意图是授权或成就人才。

> **杀蛇法**
>
> 1. 识别"蛇"；
> 2. 识别理想状态；
> 3. 识别并移除多余的控制；
> 4. 将剩余的控制措施按风险从小到大排序；
> 5. 识别与每个控制措施相关的方法和能力问题。

杀蛇法作为一种方法，对如何从"当前"走向"理想"状态是经过深思熟虑的。采用这种方法时需要循序渐进。控制措施要一个一个地移除。此外，要根据所涉及的风险，从最小的风险到最大的风险依次移除控制措施。最后，为了最大限度地降低风险，在将控制权从一个人或一个地方转移到另一个人或另一个地方之前，必须具备必要的方法和能力。

当组织列出他们的"蛇"时，我们发现，无论企业做什么或处于什么行业，都会出现同样的"毒蛇"或"蟒蛇"。前十位总是包括采购、招聘、处罚流程、客户投诉流程、维修、预算和资本支出审批。

组织中现有的控制措施通常针对最低标准，并涵盖任何可能发生的情况，包括过去和未来可能发生的情况。有效的杀蛇法能够激发主动性和创造力。它以这样的方式对系统施加压力，从而对员工施加压力，迫使他们成长。

不断解决和处理控制问题的总效果是，组织及其成员都不是静止不变的，两者都是流动的，不断变化。

正如查尔斯·达尔文所说，生存下来的不是最强的物种，也不是最聪明的物种，而是最能适应变化的物种。

3

第三部分

赋予能力

员工做出贡献的第二个先决条件是员工有能力做出贡献。能力，意味着人们既知道"如何"，也知道"为什么"做出他们需要的贡献。没有必需的能力，即使员工有方法并愿意做出贡献，他们也无法做出最佳贡献。

确保员工知道"如何"完成其所要求的任务叫作教练式辅导。第八章探讨了领导者在不断提高和完善员工能力方面所扮演的角色，这本身就是目的。

第八章的核心论点是，一个人在执行工作任务的过程中，有不断学习的潜力。也就是说，一个人可以在不换工作，甚至不承担新责任的情况下不断成长。作为教练的领导者如何把工作当成健身房，把要完成的任务当作培养人才的方法，是第八章的重点。

关于能力有两个维度：一是"如何"；二是"为什么"。在这两者之间，"为什么"更为重要。如果一个人有足够强烈的动机（"为什么"），他很可能会找到解决问题的方法（"如何"）。

第九章界定了在关心和成就员工的广泛范围内，权力拥有者可以实际做些什么来激励那些被行使权力的人们。

　　工作价值观模型被用作了解人们工作动机的框架。它解释了领导者可以采取哪些措施来实现工作动机从"索取"到"给予"的转变。特别是，它展示了领导者如何引导人们释放无穷的能力，让他们在工作和生活中为高于自身利益的原因而行动。

第八章

辅导卓越能力

工作 **目的**	个人 **方法**
个人 **目的**	工作 **方法**

　　合情合理的领导力模型认为，管理者与领导者之间区别的关键在于方法与目的的倒置。管理者把员工作为完成工作和取得成果的方法，而领导者则将任务和结果视为赋能员工的方法。

　　当有工作要做时，管理者会把工作分配给他认为最有意愿以及最有能力完成的人。

　　管理者关心的是在数量和质量上都能达到要求的输出结果，至于从事这项工作的人是优秀还是平庸，其实并不重要。判断人的优秀与否不是管理者的工作。

　　与管理者不同，领导者关注的是员工的卓越表现。领导者不懈地追求员工的卓越，不是将其作为达到目的的方法，而是将其本身作为目的。要完成的任务以及要取得的成果是为领导者提供了实现这一目标的机会。

　　教练式辅导的过程能让那些身居要职的人在方法和目的上发生根本性的转变。这是因为，教练式辅导要求领导者有意识地将任务作为方法，以赋能个人——更具体地说，是实现个人能力的最佳水平。

8 — 教练式辅导的八种常见观点

教练式辅导过程的八种常见观点提供了一个有用的载体，可以传达合情合理的领导力模型对于领导他人的关键信念。

观点一只是部分正确。教练式辅导是一个非常有用的过程，可以赋能或提高员工的贡献程度，但只有当影响贡献度的问题是能力问题时，教练式辅导才有用。在涉及方法或问责问题时，教练式辅导是没

① 观点一

教练式辅导是提高员工贡献程度的一个有用的过程。

真 ○　　假 ⊘

有用的。这是因为，方法问题是通过提供方法来解决的，而问责问题则是通过让员工承担责任来解决的。

无论是方法问题还是问责问题，都不建议进行教练式辅导。事实上，在问责问题上进行教练式辅导，是不可取的。问责问题是一种意志问题，对此做教练式辅导会使这个"软"错误根深蒂固。问责问题，无论是粗心大意还是恶意，都需要某种形式的处罚。

让某人成长意味着授权于他

方法：
工具、资源、标准、权威、时间

能力：
为什么以及如何完成任务

问责

处罚	恶意	谴责	粗心大意	认可	认真仔细	奖励	额外付出

标准

在适当的时候不进行处罚，不仅会使那些粗心大意或恶意的人逃脱责任，而且

会使其他人相信他们也可以逃脱责任。针对问责问题进行教练式辅导，久而久之，就会造成组织中没有人对任何事情负责。

在合情合理的领导力模型中，能力（Capability）与才能（Ability）有所区分。能力类似于天赋：它是建立才能的基石，才能是在其基础上建立的。如果缺乏某种能力或才能，而这种能力或才能又是履行特定职责所必需的，那么必然会妨碍在该职责上取得成功。

观点二

2

如果教练足够优秀，人就可以被辅导得无所不能。

真 ⚪　　假 ✓

这并不意味着纯粹的意志力就不能帮助一个人在某件事情上做得更好，尤其是在这件事对他至关重要的时候。这也并不是说，致力于掌握特定的知识和技能就不能在某种限度上弥补天赋的不足。

不过，这也说明，即使是最优秀的教练，也无法造就不存在的天赋。教练首先能做的事情，就是利用好现有的人才。

当一个人的实际能力与在特定岗位上出色完成任务所需的能力严重脱节时，教练式辅导就不是最佳途径。更好的解决办法是，让员工适应与其能力相匹配的角色——正如吉姆·柯林斯（Jim Collins）在《从优秀到卓越》（*Good to Great*）一书中所说，"把那个人放在公共汽车的正确座位上"。

即使是在适应性方面的微小改变，都可能对一个人的表现和动力产生戏剧性影响。反之，如果不能把这个人塑造成一个他具备必要能力的角色，只会导致其表现不佳以及有持续的失败感。正确且关心他的做法，是帮助他从这个角色中解脱出来。

观点三

3

卓越的才能是与生俱来的。

真 ✓　　假 ✓

人们普遍认为，卓越的才能是与生俱来的，是天生的。此外，卓越的表现者是那些在某一领域真正具有"天赋"且足够幸运，并在人生早期阶段就发现自己有非凡才能的人。

相反的观点认为，无论在哪个领域，卓越的才能都不是与生俱来的。

事实上，对才能的发展唯一明显的先天制约是生理上的。如智商和记忆力，具有遗传成分，可以预测其在一个不熟悉的任务项目中的表现，但不能预测此后的成功。即使是个性特征，会对个人可能擅长的特定领域产生影响，但也不会限制一个人的总体成就。

合情合理的领导力模型并不仅限于关于人才争论的任何一方。关于人们是否具备天赋，以及他们能否在各个领域取得优秀成就的观点，都存在极端化倾向。

无论如何，人才，无论是与生俱来的还是后天培养的，都不一定是卓越表现的关键因素，当然也不是唯一的变量。显然，有许多因素，包括成长环境、全身心投入程度以及运气等，都对优秀表现起到影响作用。

在人才争论不休的同时，合情合理的领导力模型仍然坚持一种信念，即优秀的领导者通过有效的教练式辅导员工等方式，对员工能力的不断提高产生重大影响。

4 观点四

在任何事情上，追求卓越都需要时间。

真 ✓　假 ○

意志可以在瞬间改变，但才能的提高却不会立即发生。任何才能的培养或人才的成长都需要时间。

在特定领域的非凡才能，显然需要多年的培养才能开花结果。根据神经学家丹尼尔·莱维坦（Daniel Levitan）的研究 [马尔科姆·格拉德韦尔（Malcolm Gladwell）在其著作《异类》（*Outliers*）中引用了他的研究成果]，大约需要一万小时的练习才能领悟真正的精髓。

他说，目前还没有人能够在更短的时间内获得真正的世界级专家水准。

一万小时规则

要达到世界级专家的精湛水平，需要一万小时的练习。

迄今为止，还没有人能够在更短的时间内获得真正的世界级专家水准。

——丹尼尔·莱维坦（神经科医生）

然而，仅仅投入大量时间是不够的。

人们可以花大半辈子的时间做一件事，且做得很好，但永远不会出类拔萃。显然，努力工作和投入时间都是必要的，但还不够。

此外，安德森·埃里克（Anderson Eric）的儿子（也被马尔科姆·格拉德韦尔引用）创造了"刻意练习"一词，根据他的观点，需要的是有意识的、反复的以及专注的投入，目的是改进正在做的事情。事实上，刻意练习是实现卓越的关键。此外，在教练的辅导下，刻意练习最为有效。

每个伟大的运动员都有一个教练。不仅在体育领域，在大多数领域中，那些在工作中的卓越表现者都曾得到过帮助，即使在他们的黄金时期也是如此。帮助他们取得优异成绩的人就是教练或导师，无论他是否被正式指定为教练或导师。

当然也有例外。比如罗杰·费德勒（Roger Federer），他在大部分职业生涯中都没有教练，他自己分析自己的比赛并进行自我调整。

> **5 观点五**
>
> 卓越表现者也需要教练。
>
> 真 ✓　　假 ○

然而，在一个标准不断提高的世界里，没有教练的辅导，要想真正精通某项技能是非常罕见的。

> **6 观点六**
>
> 教练式辅导应侧重于改善弱点；优势会自行发挥。
>
> 真 ○　　假 ✓

马库斯·白金汉（Marcus Buckingham）提出了注重优点而非弱点的论点。他认为，无论是个人还是团体，卓越来自优点的最大化，而不是弱点的最小化。改善弱点后充其量只能达到平庸，使某些人变得普通，但永远不会成为杰出的人。

直到最近，很难想象泰格·伍兹（Tiger Woods）的球技在哪一方面不够完美。但据说，他并不擅长从沙坑中挣脱出来。当然，这可能是因为他很少陷入沙坑！然而，他在比赛中无可争议的优势是他的开球。传闻说，他的教练把大部分时间都专注在了开球上。因此，泰格·伍兹原本就很出色的一些优势在一段时间内变得无与伦比。

从合情合理的领导力的角度来看，教练式辅导既要针对长处，也要针对短处；既能使弱点变小，也能使优点放大。

在职培训与教练式辅导截然不同。无论是在职培训还是脱产培训，目的都是提高一个人在某一特定领域的知识或技能。而教练式辅导的目标更高。它的目的是从能力的角度出发，使被教练者能够实现自己的最佳状态。

培训，是，或应该是授权过程的一个组成部分。在把一项具体任务或新的责任交接给某人之前，应该给予这个人所需的方法和能力，使其能够承担责任。

7　观点七
教练式辅导与在职培训相同。

真 ○　　假 ⊘

步骤 2（教学）和步骤 3（测试）见下图，能力的提升对于授权过程的成功是至关重要。

然而，与培训或教课不同，教练式辅导不是将技能或知识从一个人传授给另一个人，教练式辅导是要能够看到对方身上潜在的能力，并帮助将其激发出来。

两位不同的艺术家都说得很好。米开朗琪罗（Michelangelo）说，"我的工作是释放被大理石囚禁的手"。同样，雕塑家亨利·摩尔（Henry Moore）在谈到他著名的马雕塑时说："我从岩石中召唤出马来，再去除所有不是马的岩石。"

教练式辅导的先决条件是，被教练者的学习意愿已经被激发，被教练者已经接受了对自己成长的责任。如果一个人不愿意学习，也没有承担责任，那么对他进行教练式辅导就为时过早。

授权的五个步骤

1. 明确下一步。
2. 教会人们迈出这一步（为什么及如何）。
3. 测试能力（为什么及如何）。
4. 给出方法。
5. 让人们负起责任。

使一个人负责任有一个过程，但它不是教练式辅导。它是个被称为"从埋怨型到目标型"的咨询（Counselling），或指导（Mentoring）的过程（请参阅第十章）。

"从埋怨型到目标型"过程涉及的是意愿问题。因此，它与意图相关，而不是能力。作为一个过程，它能使一个人的意图从"来这里是为了索取"，成熟为"来这里是为了给予"。它让人进入一种状态，将自己的能力磨炼到最高水平的状态。

8 观点八

一个人只有在他的意愿被激发起来时，教练式辅导才对他起作用。

真 ✓   假 ○

对一名教练的关键要求

要成为一名成功的教练，有一些相当明显的要求，也是所有优秀教练的共同特点。

第一，一个好的教练需要知识渊博，但不一定比被教练者更娴熟或更专业。例如，要成为一名优秀的网球教练，需要对网球运动有一定的了解，但并不一定要达到或超过被教练者的水平。

好教练

- 知识渊博；
- 练就耐心；
- 避免说教；
- 是个严厉的"监工"；
- 共享高光时刻。

第二，教练需要练就耐心。如果教练不够耐心，过早干预，或者更糟糕的是越俎代庖，替被教练者完成任务，那么被教练者将无法学到东西。

第三，好的教练不是说教，而是通过帮助他人学习来更好地学习。因此，教练的主要技能是倾听、观察和反馈，而不是传递信息。优秀的教练能够看到对方看不到的东西，然后将看到的东西传达给对方。他能够让对方相信，为了提高自己的能力，他下一步应该做些什么。

第四，教练必须如一个严厉的"监工"。大多数人之所以表现不佳，是因为他们没有挑战自己的极限。好的教练扮演了一个关键角色，是让人跳出自己的舒适圈。为了做到这一点，好的教练可能会对被教练者非常严厉，甚至苛刻。虽然被教练者不太可能喜欢这种经历，但他会接受教练的做法，因为他知道这样做是为了他的利益最大化。

第五，好的教练会将自己的重要性置于被教练者之后。他认识到，最终登上领奖台的是运动员，而不是教练。因此，他不仅愿意与人分享高光时刻，而且刻意把自己对认可的需求放在一边，让被教练者能够大放异彩。

然而，成功的教练式辅导最重要的一个条件是教练的意图。只有理解了教练式辅导的目的，真正的转变才会变得显而易见。

教练式辅导的效果

艺术家	绘画	愚弄评委
运动员	比赛	分数
人	任务	成果

英国广播公司（British Broadcasting Corporation，BBC）系列剧 *Faking It* 中的一集就说明了这一点。一位在利物浦经营房屋油漆生意的油漆工被带到伦敦。一到伦敦，三名教练们在一个月内全天候对他进行教练式辅导，之后，他与四名商业艺术家一起在艺术展览会上展出他的画作。而被邀来评审的三位主要艺术评论家中，只有一位识别出了他是假的艺术家。

在一个月的时间里，教练们能够将一位来自利物浦的油漆工变成"伦勃朗"，三位教练"创造"出的是一位艺术家，然后他又创作出了一系列画作，这些都骗过了评委。

同样，在体育运动中，教练的作用是能够带出来在比赛中取得胜利的运动员。在工作场所，衡量领导者／教练成功与否的标准是被教练者的改进程度，改进中的员工会在工作中表现出色，从而为组织带来积极的成果。

简单地说，教练式辅导是用第三种关注点参与其中的。传统的管理者属于第一种关注点（为了索取 / 达成结果，而人是达到这一目的的方法和工具）。

当管理者的关注点从结果转移到任务时，就进入了第二种关注点。在实际工作中，当权者把提供所需的方法、赋予能力和提供问责制作为自己的职责，才能使任务取得卓越成就。这些是"给予"的证据，但，仍然是一种为了索取的给予。

要想持续磨炼和提高一个人的能力，并不需要他换工作，甚至不需要他在当前角色中承担新的责任。持续学习的潜力存在于人们必须执行的任务中，这些任务是为了在当前工作中表现出色而必须完成的。

只有当管理者最终将关注点完全集中在打磨和历练员工上，并将此作为最终目的时，领导者 / 教练才处于第三关注点上。这是因为，只有这样，领导者才第一次真正做到了无条件地给予。

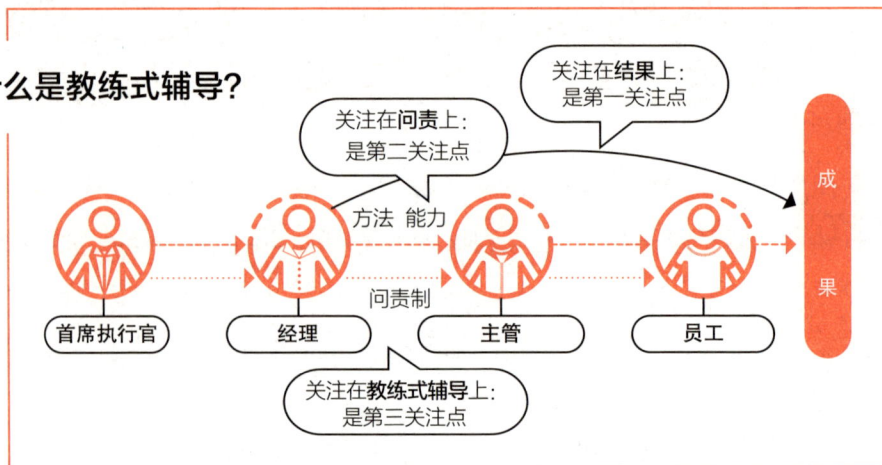

什么是教练式辅导？

这一点意义重大，原因有二。

首先，只有当管理者与直接下属之间的关系是一种教练式辅导关系时，双方才能获得对方的授权。这是因为管理者和直接下属都关注在他们能做些什么上，即让被教练者发生变化。

其次，每当领导者将自己置于教练的角色时，他们自然而然地将任务和结果变成被教练者的关注点。具有讽刺意味的是，教练对被教练者的关注程度以及准备承担任务和结果的风险的程度，就是被教练者对任务和结果拥有的程度。

汇报关系转向至教练式辅导关系

需要发生的变化不是工作内容的变化，而是对构成工作任务的视角的变化。每当完成一项任务时，就有满足个人的学习需求或个人发展需求的机会。任务成为增强个人特定能力的方法，而不是目的本身。

人们所从事的工作可以视为在一个健身房，而要完成的任务则是培养人的器械。好的健身房教练会将运动员的学习需求（如耐力）与适当的器械（如跑步机）相匹配。同样，在职场上，一个优秀的职场教练也会将选定的学习需求与工作中对学习需求产生压力的任务相匹配。

举例说明：管理顾问执行的主要任务。

学习机会	任务
聆听 框架性思考	1. 确定潜在客户； 2. 打销售电话/进行销售演示； 3. 撰写建议书； 4. 主持研讨会； 5. 设计新产品/服务； 6. 设计干预措施； 7. 进行现场诊断； 8. 教练式辅导个人； 9. 实施咨询； 10. 建立客户关系； 11. 管理实施项目/协调交付； 12. 阅读相关文本。

每当顾问打销售电话或进行演示、主持工作坊、指导客户、就实施的某个方面提供咨询、建立客户关系或协调客户项目的交付时，都会有机会提高顾问的倾听能力。

另外，对顾问的框架性思考能力造成压力的任务包括新产品的设计、诊断练习、干预措施的设计，以及在企业内部实施的咨询。

这里至关重要的一点是，所有的工作都有学习和成长的可能性。即使是每天八小时负责与客户联系并核实其个人资料的呼叫中心的座席人员，也是如此。座席人员所打的每一通电话都是提高其对外交互或影响能力的方法，如果他能加以利用的话。同样，每当领导者与一名难缠的员工打交道时，也提供了发展一种关键领导能力的可能性，即直面问题的能力。

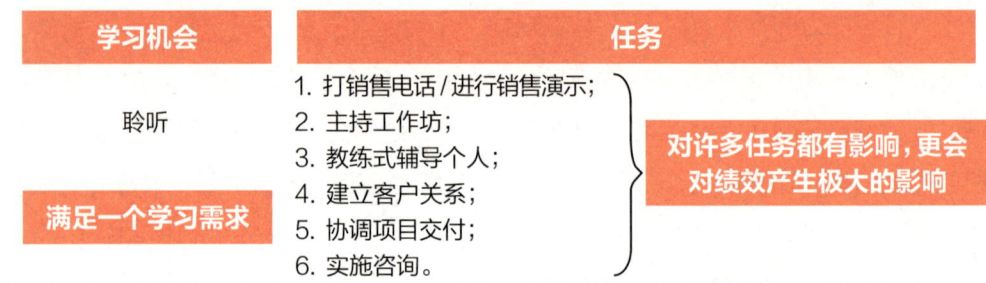

学习机会	任务	
聆听	1. 打销售电话/进行销售演示； 2. 主持工作坊； 3. 教练式辅导个人； 4. 建立客户关系； 5. 协调项目交付； 6. 实施咨询。	对许多任务都有影响，更会对绩效产生极大的影响
满足一个学习需求		

培训通常只能完成一项任务，然而，教练式辅导的效果要深远得多。在上述管理顾问的例子中，很明显，满足一项学习需求（在本例中为倾听）会影响多项任务，并对顾问的整体绩效产生极大影响。

因此，实际上，把任务和结果作为提高人的能力的方法意味着以下几点。

▶ 第一，教练需要确定自己在特定角色中，有区分普通表现者和出色表现者的能力。

▶ 第二，基于对特定个体学习需求的评估，教练应选择一项能力作为他与被教练者进行教练式辅导的重点。

在管理者和直接汇报人之间的互动中，所选择的能力始终是关键要素，直到双方都确信这种能力取得了真正的进步，然后，才将注意力转移到加强直接汇报人的另一种能力上。

教练关系显然与传统的汇报关系有很大不同。在传统的汇报关系中，被汇报者的目的是取得成果，而不是花时间提高自己的能力。因此，管理者和直接汇报人之间的日常互动通常是达成约定的任务/可交付成果的进展情况上。

在教练式辅导关系中，管理者和直接汇报人之间的对话非常不同。最重要的是，它们包含了传统汇报关系中所没有的内容。在教练式辅导关系中讨论的是个人在学习需求方面的进展，下一个学习机会是什么，以及什么任务能让个人提高能力，而这正是当前教练式辅导的重点。

教练式辅导的循环

教练式辅导不是一次单一的活动。它是一系列活动，这些活动在不断的循环中反复进行。教练式辅导活动构成这一周期的是评估、监测和设计。

评估的目的是诊断。它要求教练反思个人需要学习什么，什么将成为辅导的重点。评估的结果是确定学习需求和明确学习机会。

教练式辅导循环中的精进阶段是设计和设定任务，它能使被教练者加强辅导当前重点关注的能力。

监测要求教练在被教练者完成工作时对其进行观察，并将观察到的情况反馈给被教练者。

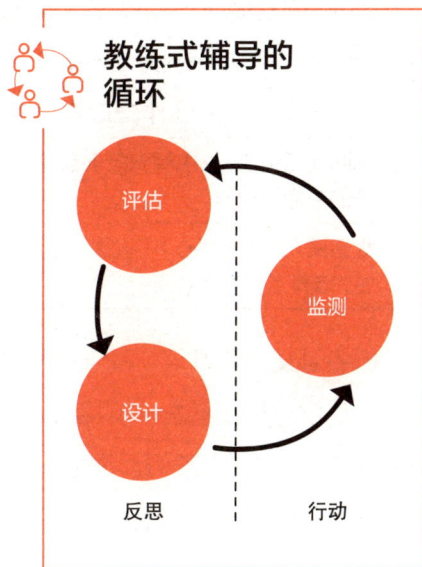

教练式辅导的循环

评估

监测

设计

反思　　行动

观察的目的是让被教练者了解他对当前学习要求的掌握程度，并确定他的下一次学习机会是什么。

评估和设计是在工作之外进行的，是领导者与被教练者之间的一对一对话。而监测则是在被教练者积极工作时进行的。

在教练式辅导周期内，行动和反思阶段会一遍又一遍地重复。随着时间的推移，变化的是具体学习机会，因此，个人工作的那些方面也是教练关系的重点。

▶ 明确学习需求和学习机会

一名优秀的体育教练绝不会同时对运动员的所有方面进行训练。同样，在工作中，教练每次只关注和努力提高一个人的一个方面是合适的。

在教练式辅导周期的这个阶段，教练要做的是帮助被教练者明确他应该着手解决的问题，并将其作为一次学习机会。

下面举例说明一些学习需求和学习机会。

	学习需求	学习机会
A	话太多，不能切中要害。没有条理，不直接	简明、扼要地进行沟通和交流
B	插手直接汇报人的工作，出了问题就干预	移交责任／放手
C	不断请示主管，以求明确需求及与工作不相干的结构和细节	独立／自信
D	太善良／太有同情心，不挑战。结果就是滋生／培养了受害者心态	直面／挑战受害者的行为

顾名思义，学习机会是一种明确的能力和胜任力，是可以通过教练式辅导得到提高的。学习机会不是一项特殊的技能（如阅读损益表）或一门知识（如如何制订商业计划），这两个举例都是能够通过培训来解决的。

学习机会并不像尊重或诚信那样是一种价值观。价值观是指一个人准备将自己的利益放在第二位的程度。因此，价值观与能力无关，而是意愿问题。

在评估阶段，教练的作用是获取诊断信息，从而确定学习机会。如果被教练者有较高的自我意识，就可以直接从被教练者那里获取这些信息。或者，教练需要通过观察，或从那些能够实时见证过被教练者如何表现的人那里获取诊断材料。

▶ 观察正在执行任务的人，并确定他下一步需要学习什么以提高他的能力

观看比赛的目的是确定这个人具体需要学习什么，从而进一步提高他的能力。把学习机会视为一种能力时，遇到的问题在于它过于笼统。

例如，为了提高他的倾听能力，他需要改进／改变什么？他需要学会不去打断别人说话吗？是他没有完全专注吗？他是否善于分析，因而能够确定问题的要点，但对事实背后的感受缺乏敏感？

只有在观看比赛的过程中，教练才能把握住球员在能力方面需提高的下一步发展方向，而这正是当下教练工作的重点。

当然，教练所获得的洞察只有在传达给被教练者时才能发挥作用，让被教练者相信他下一步需要做什么来提高自己的能力。在给予反馈时，有许多显而易见的"该做"和"不该做"。然而，好的反馈的关键在于它能着眼于未来，这样的反馈是告诉被教练者今后如何做得更好，而不是他已经做错了什么。

▶ 设定对学习需求有压力的任务

任务练习是有意识的，或者应该是有意识的。教练并不是简单地恳求被教练者去努力练习倾听、授权或其他方面的能力。相反，教练确定具体的任务，当执行时，就会对被教练者的学习需求产生了压力。

练习的任务设计可以有好有坏。最好的练习活动能使人超越其现有的能力，要求被教练者能竭尽全力拓展其现有能力水平，让其处在学习状态。

另外，在人的舒适区内的任务是不能拓展能力的，因为这些任务已经是可以轻松完成的活动，难度太大的会让人产生恐慌，产生不了预期的学习效果。

可用于寻求特定学习机会的具体任务如下页表所示。

个人	学习需求	用于寻求学习机会的任务
A	简明、扼要地沟通和交流	项目及团队会议议程，在规定时间内提交的具体项目
B	交接责任	每天对工作进行回顾，将工作分为应该自己完成的任务和应该委托他人完成的任务。汇报自己领域的负面异常情况以及处理方式
C	独立 / 自信	分配到项目中的责任； 在具体地点实施，预先商定提供有限的支持
D	直面 / 挑战受害者的行为	向客户反馈发现的诊断结果，特别是客户在组织功能障碍评估中的角色

设定任务的其中一部分是教练同意在任务执行过程中将提供的支持 / 监督水平。当然，教练提供的支持程度必须与被教练者的能力水平成正比。

表面上看，教练似乎是领导者关心和成就他人角色中相对容易的一部分，甚至可以说是机械化的，但事实并非如此。毫无保留地参与教练式辅导的循环中，没有别的动机，只为实现被教练者的最佳状态，这考验着领导者的慷慨和勇气。

这点，比任何其他事情都更加清楚地表明，领导者真正准备走多远，或者领导者准备在多大限度上牺牲自己的利益来实现他人的最佳利益。

第九章

通过问为什么达到激励的目的

构成合情合理的领导力模型的一个核心理念是，员工工作积极性的关键决定因素，是他与直接上司之间的关系。

只有当身居领导岗位的人把关心和成就直接向其汇报的人作为首要目标时，员工才会真正被激励去做被要求做的事，甚至他们还会做得更多。

上述问题最明显的一点是，当权者可以采取哪些切实可行的行动来激励他们的下属，使他们在广泛范围内得到关怀和成长？

这个问题很重要，正如加里·哈梅尔（Gary Hamel）在其文章"The Hole in the Soul of Business"中指出的，只有 20% 的员工是真正全身心地投入工作。

然而，在回答领导者如何激励员工这一问题之前，我们必须先提出另一个问题："究竟是什么在激励员工工作？"

工作价值模型

工作价值观模型最初的研究重点是什么激励着组织中的领导力。随后，该模型已被扩展到包括任何在工作中的人的动机。

工作价值观模型的基本前提是，区分在工作中人的动机。更明确地说，他们的动机主要是给予还是索取？基于这一最初的区分，人工作的理由可以被置于模型的左侧或右侧。

与索取和给予的区别之上，还有另一个区别：**关注人还是关注事物**。换句话说，给予可以是给予他人，也可以是给予事物。同样，索取可以是对事物的索取，也可以是对人的索取。

这种进一步的区分——人与事物——产生了四种不同类型的工作动机或理由。它们在工作价值观模型中被描述为四个象限，从 A 到 D。

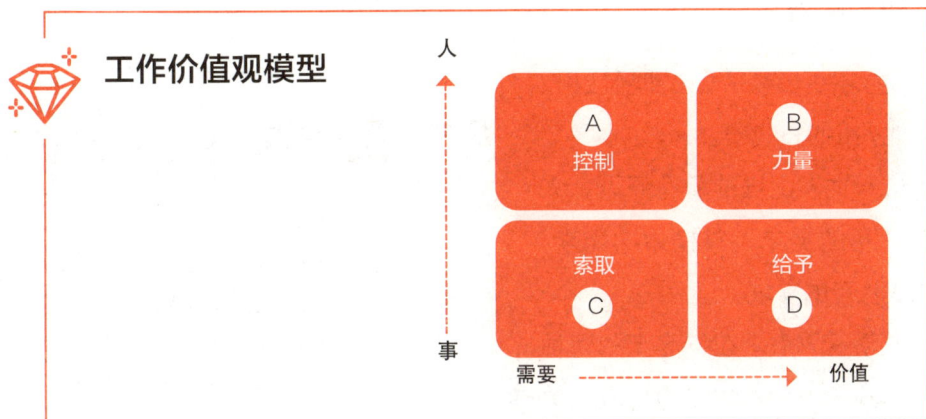

工作价值观模型

模型左侧的所有工作理由都与满足个人需求有关，都是为了在工作中得到自己想要的东西。从本质上讲，这些都是为了实现自己的目的。

然而，区分 A 象限与 C 象限的是满足感的来源。在 A 象限中，人们想要的东西只能来自他人或由他人的给予。而在 C 象限中，满足的来源是工作本身或与工作相关的事物。

与模型的左侧相比，右侧所有工作原因都是出于给予的理由。有这些理由的人去工作的原因是因为这些理由比他们眼前的自身利益更重要。这些原因我们称之为价值观。

在 B 象限的工作理由是对他人（无论是个人、群体、社会还是整个世界）是有积极影响的。另外，在 D 象限的原因则对工作本身和工作所处的环境产生积极影响。

简言之，人们在任何时候在工作中的行为都可以受到他们的需求或价值观的驱使。哪一种优先则取决于个人的选择。

换句话说，一个人工作的理由并不是预先确定或一成不变的。因此，一个人可以在两个不同的场合有相同或不同的工作理由。无论情况如何，人们工作的理由只掌握在自己手中，他们自己决定。

四个象限

A 象限可以概括为对重要性和 / 或与他人和谐的需要。

这一类人上班的所有原因都来自对认可的需求、对权力的需求、对他人认可的需求。

A 象限的需求在行为上有两种表现形式：一种是与权力需求相关的"坚硬"的外壳；另一种是与他人和谐相处需求有关的"柔软"的内心。

象限 A 索取 / 人

我来工作……
- 追求我的职业发展；
- 成为业绩最佳者；
- 能获得影响他人的职位；
- 控制他人的输出；
- 我的贡献得到认可；
- 为了陪伴；
- 为了我的职位所带来的地位；
- 获得归属感。

💬 在珠穆朗玛峰发生了一个极端的例子，关于渴望站在顶峰的需求（请原谅这双关语）。有一年，两队登山者正在向峰顶发起攻击。第一队遇到了麻烦，氧气用尽，在雪地上倒下了。当第二队登山者赶上他们时，他们选择不分享他们的氧气，而是继续他们的探险，站在世界之巅。在下山的途中，他们从其他登山者身边走过，所有这些人都在这段时间里死去了。令人惊讶的是，当他们回到营地时，他们毫不掩饰地谈论他们所做的事情。在他们的心目中，成为少数人之一登顶世界最高峰的成就比试图拯救同伴登山者的生命更为重要。

硬外壳下的支撑是成功的动力，正如一个人在工作中相对于其他人的职位、级别或地位所反映的那样。"自大狂"这个标签在此很贴切，意味着认为自己了不起，或有着强大的幻觉。

在工作中，有些人认为赢是最重要的。为了实现自己的目标，为了自己成功，他们会不惜一切代价。他们极端的竞争意识在别人看来就是野心，有时甚至是无情的野心。在这些人通往成功的道路上，谁要是挡了他们的道，谁就倒霉了。

渴望赢的需求近乎于渴望支配或控制他人的需求。这种需求表现为渴望自己处于权威地位，能够控制他人，让他人做自己想让他们做的事。归根结底，就是将他人的命运掌握在自己手中。

微妙的是影响他人并使他们与自己的观点保持一致的需求，在极端的情况下，这种影响他人的需求会表现为一个人必须总是正确的，或者坚持拥有最后的发言权。

另外，软弱之处表现为个人在与工作时其他人的关系中努力确保与维护和谐。对归属感、被人接受、受人欢迎或友情的需求的共同点是我们作为人类都有的基本需求，那就是被喜欢。

拥有权威地位和没有权威地位的人对和谐的需求的表现不同。那些拥有权威地位且归属感强烈的人有与他们的团队打成一片的需求。他们需要与团队密切联系，与团队成为朋友，这可能会让他们难以与手下的人保持适当的距离，或者在需要时采取处罚措施。进一步来说，领导者强烈的将关系放在首位的需求可能导致任人唯亲，或对那些与领导者有特殊关系的人给予过度的赞扬。

组织中的非管理人员如果有强烈被接受的需求，他们就容易受到同侪压力的影响。由于害怕被群体排斥，他们即使不同意或认为不对，也会随声附和、妥协。同样，这种需求也会导致他们对组织内发生的不公正现象保持沉默。举例来说，举报人很罕见的原因之一是，他们知道，如果他们敢于直言，肯定会遭受群体其他成员的排斥和孤立。

C 象限的工作理由是为了获得和保持人们认为在工作中很重要的东西，比如金钱、工作保障、专业知识和工作满意度。在 C 象限的工作原因可以概括为对工作的安全感和成就感的需求。

一个人的安全需求意味着他希望在一个月的特定日期得到一些有形的东西。这种对工资的需求在现代社会中无处不在。

象限 C 索取 / 事物

我来上班……

▶ 为了谋生；

▶ 因为我在家里会很无聊；

▶ 实现经济独立；

▶ 养家糊口；

▶ 实现某些目标；

▶ 增加我在所选领域的知识和技能；

▶ 因为我喜欢工作的多样性；

▶ 因为它为我提供丰厚的收入。

在我们的工作坊里，过去二十年中，选择工作理由不包括财务方面的人数可以用一只手数得过来，这就证明了这一点。

C 象限中所有其他工作理由都与人们对工作或工作环境的某些条件或者要求有关，当这些条件或要求一旦得到满足时，他们就会在工作中获得满足感或成就感。

拥有 C 象限理由的人去工作，是为了从中获得满足感。这可以用跑步来比喻。这个人不是为了跑步而跑步，而是为了在跑步结束时获得的满足感而跑步。

当然，一个人对工作的需求可能与另外一个人大不相同。有些人需要在工作中例行公事和稳定，而另一些人则需要新奇和变化。对一些人来说，在高科技环境中工作很重要，而对另一些人来说，远程工作或灵活的工作时间更重要。只有当这些人的 C 象限要求得到满足，而不是在此之前，他们才能在工作中发挥作用。

D 象限中典型的工作理由是为了给予，为了工作本身、为了自己的专业或选择的工作领域。选择这些理由的人往往责任心强，有强烈的使命感，并努力工作。与这种强烈的职业道德相辅相成的是内心对拥有一份工作的感激之情。对一些人来说，一份有意义的工作本身就是一种动力。

象限　**D**　给予 / 事物

我来上班……

▶ 做高质量的工作；

▶ 因为我对我的学科着迷；

▶ 因为我庆幸自己有一份工作；

▶ 在我所做的事情上做到最好；

▶ 发现做事 / 创新的方法；

▶ 学习；

▶ 从事真正对我有挑战的事情；

▶ 因为这是我的职责。

D 象限的第一种给予是认同任务相关的卓越标准。

无论交代什么任务，这个人都会不折不扣地去完成。用老式的方法来描述，就是说这个人对自己的工作有自豪感，或者说这个人有高标准，而且始终如一。他每天来上班的动力就是为了高质量地完成工作。

除了对标准的关注之外，还有对工作本身的热情。有些属于 D 象限的人去工作的理由，是对自己的工作着迷。这些人并不是为了金钱、名利、职业发展，甚至社会利益而工作，他们是为了工作而工作。因此，他们的注意力集中在工作任务本身，而不是完成任务能给他们带来什么。

这些去工作的理由就像艺术大师的理由。虽然人们会自然而然地想到音乐家和艺术家，甚至是大师级工匠，他们都符合这一标准，但其他的例子也比比皆是。有些科学家出于对科学的好奇心而进行实验；有些数学家沉浸在发现解决问题的新方法的乐趣中；有些计算机极客热爱编程；有些工厂操作员完全融入了化学过程中；有些护林员对大自然心生敬畏；有些会计师在研究一组数字时焕发出活力。

D 象限的最后一种给予是关于学习或成长的。对这些人来说，这是他们去工作的理由，因为他们渴望在自己的工作岗位上越做越好，坚持不懈地磨炼他们的能力，发展自我管理能力，或者在他们所做的事情上做到最好。

这些人去工作是为了接受挑战，为了走出他们的舒适区，为了去到身体上、情感上或精神上他们从未去过的地方。这种学习的动力、发掘个人全部潜力的动力，需要一种冒险的精神和勇气。

在 B 象限工作的理由，都是因为"给予"，且对人们有积极影响的理由。

最明显的是，在 B 象限中，许多从事助人职业的人都在给予：

象限 B 给予 / 人

我来上班……
▶ 为我的客户服务；
▶ 帮助我的团队成员；
▶ 为非常有价值的事情做出贡献；
▶ 帮助经济增长；
▶ 与众不同 / 为他人增加价值；
▶ 因为我致力于我所工作的组织的使命；
▶ 为了公司；
▶ 关心我所负责的人，并使他们成长。

教师认为他们的工作是培养下一代，使他们在社会中发挥有益的作用；社会工作者致力于帮助那些不幸的人；医生照顾生病和垂死的人等。

也有一些人是政府服务人员，如警察、消防员，甚至垃圾收集员，他们认为自己的工作是对社会有益的。

还有一些是组织中的当权者，他们选择把自己的职责看作是培养他人。他们认为自己的作用是让员工成功，而不是让自己或企业成功。

一些企业家也可以选择把他们所做的事情看作是使世界变得更美好的贡献。例如，谷歌宗旨是"帮助提高民众智商，使知识民主化，并通过信息赋予人们力量"。

辛格塔野生动物保护区致力于野生动物保护。此外，各家度假村的员工不遗余力地为他们的客户提供出色的荒野体验，这种为客户服务的动力来自企业的集体领导。这是一种价值观，不容妥协地由高层推动，并渗透在企业的各层级之中。

在 B 象限工作的所有理由都是为了服务于他人，或为他人做贡献，无论贡献有多小。在许多情况下，这些理由与致力于一项事业或崇高目标相关，这些目标比个人本身更伟大。它们意味着对人类产生影响。

四个象限的后果

以需求为基础的工作理由（A 象限和 C 象限）导致的后果是，职场中出现机会主义和投机取巧的行为。我们所有人都有安全、成就、权力、意义与和谐的需求。如果没有这些需求，我们就不会是人类。然而，当满足需求变得至关重要时，它可能会取代在特定工作环境中做正确的事情。

工作价值观模型

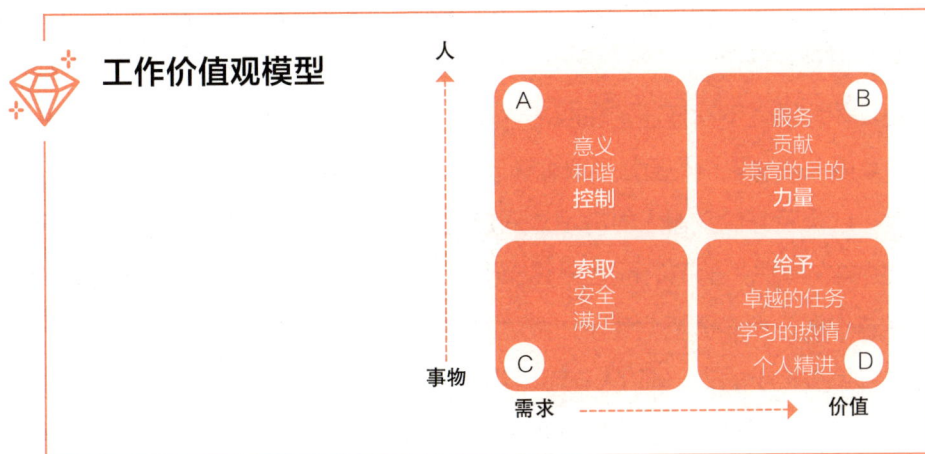

下面的场景说明了这一点。

> 一个有家庭的员工承担着相当多的义务。他有一对双胞胎女儿，正在供她们上医学院，还有一个需要赡养的岳母，和一个让他不离不弃的大丹犬。他离退休年龄还差两年，在经济衰退的情况下，作为一个 58 岁的人，他极有可能找不到其他工作。简言之，他需要保住自己的工作。
>
> 他的经理向他下达了一项指令，让他解雇他团队中的一个年轻且有魅力的人。他的经理已经 50 多岁了，觉得身边这种年轻气盛的人实在让他太压抑了。暗示很明显："除掉这个年轻人，否则我就除掉你！"

面对保住自己的工作和坚持正义的选择，大多数人认为这个人会选择前者。尽管参与者也同意，在这种情况下损失最小的是这个年轻人，因为他只是丢了一份工作，他还可以再找一份。

> 💬 然而，这并不是故事的结局。几个月后，他的经理面对直接下属的投诉，指责他偏袒某些人，这导致工作变得难以忍受。对此，这位 58 岁的人不仅可以，而且应该对他的经理说："这话从你嘴里说出来真有意思。当我们向 X 告别的时候，我们也就告别了公平。当时你说得很清楚，这里最重要的不是公平。现在，你不能从口袋里掏出'公平牌了'。"

这个故事说明的是我们从经验中都知道的："出于自身利益的原因做事往往会导致短期内得到自己想要的东西。然而，随着时间的推移，出于权宜之计的行为到头来却会自食其果。"

更具体地说，下面概述了在四个象限中每个象限涉及工作理由影响的后果。

A 象限——与人相关的强烈需求导致的第一个后果是，拥有这些需求的人容易受到操纵。这是因为自我需求的满足，从定义上来说，掌握在他人手中。正如明星所深知的那样，首先是他们的粉丝赋予了他们明星的地位，同时可以轻易夺走其地位。

在工作中，那些需要获胜、在组织架构中占据某个位置、影响或控制他人、受欢迎或渴望被接受的人，都是弱者，而不是强者。

其他人，而不是他们，决定是否满足他们的愿望，或者是否剥夺。A 象限的人对工作意义或和谐的需求越大，他就会变得越软弱。

第二个问题是自尊需求，它们很难完全得到满足。例如，一个人可以选择在吃饱后停止进食。然而，需要被赞美却可能如同一个无底洞。赞美得到的越多，渴望得到的想法就越强烈。

同样，无论挥舞着"大棒"或悬挂着哪根"胡萝卜"，接受这些东西的人只要有意愿，都可以选择不被完全征服或收买。被控制的人决定了他被胁迫或说服的程度，而不是控制他的人。

C 象限——在工作中，人们渴望获得更多，或担心已经获得或得到的东西会被别人夺走，因此，往往缺乏安全感和不满情绪。具有 C 象限需求的人首先会被这些需求所困。他们没有工作，是工作拥有了他们。

例如，在现代职场中，有很多人对自己的工作不满意，但又"舍不得"离开——

因为工作有福利、有养老金、有稳定的收入，甚至公司离家近也是因素之一。

进一步说，这些人与雇主的关系往往是有条件的，并且有"如果你……，那么我……"的讨价还价的特征，换句话说，C 象限需求非常强烈的人，在工作或雇佣关系中只待到适合自己的那一天。如果工作不顺，或者有一份更有吸引力的工作，他们就会离开，无论是象征性的，还是字面意义上的。一旦一个人被"买"走，他就可以再次被"买"走。

D 象限——以卓越的标准要求自己，对手头的工作充满激情，把追求精湛或学习作为目标本身，而不是享受，而这一切都很艰难，要求很高，也很费精力。如果有满足感，那也是在后来才有的。

然而，全身心投入工作所产生的结果，就是米哈里·契克森米哈赖（Mihaly Csikszent）在他的著作《心流：最优体验心理学》（*Flow: The Psychology of the Optimal Experience*）中所说的"心流体验"。当一个人全神贯注或绝对专注于他正在做的事情时，当他完全关注过程而不考虑结果时，就会产生心流。

在心流状态中，一个人专注于当下，不担心过去或未来。同样地，他也不关心自己与他人的比较，甚至不在乎他人对自己的看法。当他以这种方式全身心投入时，他的时间观念往往会发生变化，有时几个小时会被浓缩成几分钟，或者，几秒钟似乎像几分钟。他深深地沉浸在自己正在做的事情中，甚至迷失自我。在某些情况下，他可能会发现自己因所做的事情而发生变化。

不依赖外部满足的人既不易受操控，也不受条件束缚。事实上，他们是真正自由的。

B 象限——那些认为自己的工作是真正有价值的、有更高的目标的、对社会或世界有贡献的人，已准备好把自己、自己的心血、灵魂和智慧投入其中。

那些在工作中看到目标的人，即使没有加薪或升职，也能保持兴趣和热情。他们所做工作的贡献性质激励他们做出牺牲，即使面对挫折和困难，也能展现出坚忍不拔的精神。他们没有愤世嫉俗的心态，也不会觉得"已经足够好了"，或者"这有什么关系"。

拥有 B 象限工作理由的人具有强烈的意义感。他们不追求意义本身，意义是他们为比自己更伟大的事业献身的意外结果。当然，这种意义感的主要受益者是他们自己。

总结一下：

象限	后果
A	▶ 可操控； ▶ 软弱； ▶ 永不满足； ▶ 受控制； ▶ 与他人冲突
C	▶ 缺乏安全感； ▶ 不满； ▶ 禁锢； ▶ 受制约
D	▶ 专注 / 着迷 / 投入； ▶ 置身于当下； ▶ 个人转型； ▶ 自由
B	▶ 个人投资； ▶ 牺牲 / 毅力； ▶ 没有愤世嫉俗； ▶ 意义感 / 更高的目标

研究和经验

工作价值模型

在过去的三十年里，通过询问成千上万的人"目前你为什么去工作"，我们积累了丰富的数据，从中得出了许多关于人们工作动机的结论。下文概述了我们的研究结果，以及这些结果与工作动机领域的最新研究关系。

▶ 动机并不取决于人们的行为

耶鲁大学心理学家艾米·弗泽涅夫斯基（Amy Wrzesniewski）在 *The Happiness Advantage* 一书中提到，经过多年的研究，她发现员工有三种"工作取向"。她认为，无论一个人从事什么工作，他都将自己的工作视为一份工作、一种职业或一种使命。

那些把工作视为一份月底领薪水的人，将工作看作是不得不做的事情。他们的主要关注点是工作所带来的经济回报。他们属于工作价值模型中的 C 象限。

另外，将工作视为职业的人，主要关注的是工作上的晋升（工作价值模型中的 A 象限）。他们的动力来自职位带来的声望、地位和权力。这类人不像那些视工作为工作的人那样为了钱而跳槽，而是为了升职。

最后，还有一些人将工作视为一种使命。他们觉得自己的工作很有成就感，不是因为外在的回报，而是因为他们热爱工作本身，或者因为他们认为自己的工作对社会，或对世界做出了贡献——这是工作价值模型中的 B 象限或 D 象限。

此外，根据艾米·弗尔泽斯涅夫斯基的观察，在任何职业中，从护士到投资银行，大约 1/3 的人将他们的工作视为工作，1/3 的人把工作看作职业，1/3 的人将其视为使命。

我们的经验与这些发现相吻合。当然，我们也发现，人们的工作动机与他们的实际职业没有任何关系。换句话说，人们工作的原因与国籍、性别、年龄、学历、资历或职业选择无关。

我的亲身经历证实了这一点。

> 16 岁时，我深信自己将成为一名律师。在攻读法律学位之前，父亲安排我和一位法官共进茶点。我满怀激情地告诉他，他的工作一定是世界上最迷人的！
> "恰恰相反，亲爱的"，这位受人尊敬的法官告诉我，在他的法庭上，没有什么事情是他以前没有见过的。这位尊敬的法官对他的工作感到厌倦。不用说，我从事法律职业的愿望就此打住了。

另一个极端例子是，我记得在我工作了多年的爆炸品厂的一位邮递员。

> 💬 这个人是个宝藏。你可以设定你的邮件到达的时间。我从来没有见过他不开心、不微笑的时候。后来，有一天，我参加了一个为顺利完成扫盲培训的员工举行的毕业典礼，我惊讶地看到邮递员走上舞台领取证书。原来他之前是个文盲，他到底是怎么完成这项工作的？
> 他苦笑着告诉我，在他的求职面试的过程中，没有人问他是否识字。在交接期间，他记住了内部邮件所用的棕色信封上的许多名字和地点。此后，他与一个工友达成了一个长期的协议，这位工友会向他解释他不熟悉的文字。他在递送的路上把这些信件扔进如灌木丛的邮筒里会变得多么容易啊。

根据经验，一名首席执行官、一名工程师和一名茶艺师在工作动机方面有很多共同点。

▶ 人们在工作中有着混合的动机

我们发现，人们并不总是能清晰地被归入某种类别，或者说，并不总是能被划分到工作价值模型的四个象限中的任何一个。

例如，我们发现，仅仅为了谋生而工作的人是极其罕见的。同样，我们也发现很少有人只为了 B 象限或 D 象限的理由而工作。

我们发现，一个典型的工作理由清单包括不止一个象限的理由，很多时候，它包含了工作价值观模型的所有四个象限的理由。这并不奇怪，作为人类，我们的动机是多种多样、混合的；我们的行为不是完全由需求或价值观驱动的，而是由两者的结合驱动的。

这一发现支持了我们对个人成熟的理解——也就是说，随着我们作为人类的成熟，我们的动机也会发生变化。在意图逐渐成熟过程中，会达到了一个临界点，我们的动机不再是索取，而是更多地给予。

意图的逐渐成熟

索取 49% | 给予 51%

▶ 目前职场上索取者多于给予者

在合情合理的领导力工作坊中，参与者对自己的工作理由清单进行了打分。在工作价值模型中，得分为负的人代表索取，而得分为正的人则代表给予。多年来，我们的发现是，当人们诚实地给自己打分时，任何一个群体中有 15% ～ 30% 的参与者最终都得到的是正的分数。

换句话说，我们发现目前工作中索取者多于给予者。加里·哈梅尔（Gary Hamel）的"只有 20% 的员工真正投入工作中"的论点似乎确实如此。

与这一发现相一致的是，我们遗憾地观察到，在组织生活中，需求驱动的行为 / 权宜之计行为往往超过价值观驱动的行为。不幸的是，现代职场充斥的是贪婪和恐惧，而不是慷慨和勇气。

同样，我们的观察是，A 象限和 C 象限工作理由所带来的后果——即不安全感、不满、软弱和与他人的冲突——比与 B 象限和 D 象限工作理由相关的意义感和敬业感在组织中更为普遍。

▶ 专注于解决"需求"而不是倡导"价值观"

此外，根据我们的经验，大多数组织的主要关注点是满足员工的需求，而不是工作中的价值观。组织的集体领导力、人力资源部门，以及那些在人力资源方面向他们提供咨询的人，他们的精力主要关注在满足员工工作理由的 A 象限和 C 象限。

至少大公司在奖励和激励计划、职业规划、继任者计划、人才管理计划等方面投入的时间和资金就反映了这一点。所有这些都与外在动机有关，而非内在动机。

在这种关注中，隐含着一种无意识的假设，即大多数人在工作中都被加里·哈梅尔所说的"可耻的欲望"，以及追求自身利益所带来的即时满足感所奴役。它完全忽视了这样一种可能性，即工作中最令人满意的是服务一些非常有价值的事情。此外，在工作场所培养更多把自己的工作视为一种使命，而不是达到目的的手段的人是可行的。

丹·平克（Dan Pink）在一次名为"The Surprising Truth About What Motivates US"的演讲中提到了科学知识与商业实践之间的不匹配。他指出，在过去四十年里，在全球不同地区进行的无数研究表明，有条件的奖励往往不起作用，而且会产生不可预测的有害后果。

他提倡的不是更努力地寻找外在激励的完美公式。相反，他呼吁建立一个全新的工作操作系统，该系统基于三种内在的驱动因素：第一种是自主性的驱动力，或者说是在工作中有自我指导的愿望；第二种是自我掌控，或者说是把事情做得越来越好的动力；第三种是目的，丹·平克将其定义为渴望为他人服务的愿望。

从本质上讲，丹·平克呼吁，从工作价值模型的 A 象限和 C 象限类型的激励转向 B 象限和 D 象限的激励。当然，问题在于能不能实现这种转变，以及如何实现。

我们相信这是可能的，尽管肯定不会一蹴而就，也不会让工作中的每一个索取者都变成给予者。

我们相信这种转变是可行的，因为我们经历过这样的工作场所，在那里，普通员工确实是带着做出贡献的意图来工作的。在那里，大多数员工更关心他们能付出什么，而不是他们能得到什么。

目前，出现上述情况的组织为数不多。当然，挑战在于如何将目前的例外变成常态。

领导者可以采取哪些措施来激励他们的员工

将注意力从需求转移到价值需要以下几点：首先，领导者必须重新审视自己工作的理由，并确保他们自己的理由主要是给予，而不是索取；其次，他们必须采取领导力措施，积极应对员工的需求；最后，他们应该创立领导力实践，既宣导价值观驱动的行为，又培养组织成员的使命感。

将重点从工作价值模型的左侧转移到右侧

- 重新审视工作动机；
- 认可，但不是加剧 A 象限和 C 象限的工作理由；
- 宣导价值观驱动的行为；
- 培养使命感。

▶ 一切从我做起！

首先，也是最重要的，领导者必须重新审视自己的工作动机，因为 15% ~ 30% 的给予者与 70% ~ 85% 的索取者的比例同样适用于领导者，也适用于非领导者。

如前所述，目前没有人工作的理由是一成不变的。一个人的意图或动机是可以改变的，而且可以瞬间改变。

如今，那些当权的人可以随时拿一张新的纸，写下完全不同的去工作的理由。

当领导者的工作理由与员工对他们的期望相同时，领导力问题实际上已经能真正得以解决了。

我心甘情愿为之工作的人， 是关心和成就我的人	我来工作的理由，是为了关心和 成就我的员工们
对当权者的期望	当权者工作的理由

这时候，"我愿意为谁工作？"和"我目前为什么来工作？"这两个问题的答案都是一样的了。我愿意为之工作的人是"关心我、成就我的人"。我现在以领导者的身份工作的原因是"关心和成就我的员工"。

与身居要职的人打交道三十年的经历让我发现，有三个原因会严重削弱一个人的领导能力。其中一个原因是位于工作价值模型的 D 象限，另外两个位于 A 象限。

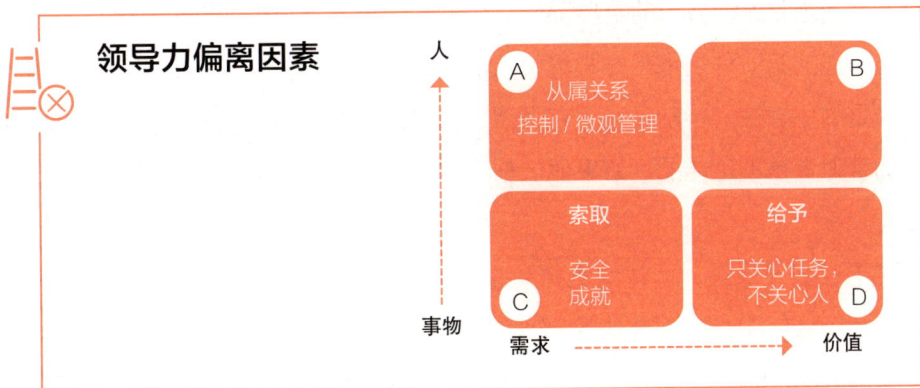

领导力偏离因素

身居要职的大咖通常在关心和成就他人方面不太成功。大咖想要有所贡献，但贡献的是事，而不是人。典型的例子是，把技艺精湛的工匠任命为工程主管，或者软件工程师被任命为开发团队的负责人。我在南非与多乐士公司合作时，这一点给我留下了深刻的印象。

一位在公司工作了 17 年的销售经理辞职了。在离职面谈中，他给出的离职理由是公司的"关心与成就他人"的干预措施。你可以想象，首席执行官几分钟之内就把我叫到了他的办公室，想知道"你对我的员工说了什么"。

原来，这位销售经理在担任销售职位的 12 年里，一直非常热爱为公司工作。他说，他被销售过程所吸引，被那种巧妙地引出需求，然后将公司产品的特点和好处与这些需求相匹配的技巧所吸引。

然后，他们提拔了他！

当他写下自己工作的理由时，他才恍然大悟。让他"心动"的是销售过程中的细微差别，而不是培养一支销售团队。

于是，他辞去了工作，参加了房地产经纪人考试，并在销售房屋的过程中获得了快乐和成就感。

有机会对他人行使权威的大咖不应该受到羡慕。如果他们已经担任领导职务，就应该考虑退出，因为这样做对自己是有好处的，对于那些指望他们关心和成就自己的人来说，这肯定也会是件好事。更重要的是，他们应该认识到并欣赏他们通过自己的聪明才智所能做出的重要贡献。

A 象限的第一种需求是对从属关系的强烈需求，这种需求对那些身居要职的人具有严重的危害性。特别是对于有强烈从属感的一线管理人员来说，从同事转变为他人的管理者是不可能的。如果他们与当权者居住在同一个家庭小区时，情况就更是如此。

对于这些人来说，明智的选择是重新回归成为团队成员，而不是团队的领导者。在一个组织中，当面临成为领导者或团队成员的选择时，有 15% 的主管选择放弃他们对他人的权威地位，而选择满足他们对同事之间的友谊的需求。

最后，A 象限需要产生可预测的结果。这种对控制的需求通常被直接下属视为微观管理。根据经验，有这种需求的当权者可能是优秀的管理者，但绝不会是优秀的领导者。

如果不具备信任和委托的能力，就不可能实现对人的关心和成就 / 赋能。微观管理者最好负责系统和流程，而不是人。

▶ 处理工作价值模型左侧的问题

（A 象限和 C 象限工作的理由）

我们绝不是在建议那些在职场上当权的人忽视员工在工作中对安全感、成就感、权力、意义和和谐的需求。

不过，我们建议的是，领导者不要把解决工作价值模型的需求作为他们唯一或主要的关注点。相反，他们应把精力投入培养价值模型右边的价值观上——具体来说，是那些卓越的任务、激情、学习、服务、贡献和目标。

然而，就员工在工作中所拥有的需求而言，以下几点是必需的。

首先，领导者不应该对员工的需求做出预设，无论是不同类别的员工（例如车间工人、销售人员、年轻人、老师或特定国籍的人），还是向他们汇报的人。

> **处理工作价值模型左侧的问题**
>
> ⊘ 不要预设人们的需求；
> ⊘ 认可 A 和 C 象限需求的重要性；
> ⊘ 不要在工作场所中助长贪婪和恐惧。

其次，他们要继续做，并做更多的事情，认可员工对 A 象限和 C 象限工作理由的重视。

最后，他们应该停止（或至少尽量减少）在工作场所点燃恐惧和贪婪之火的领导行为。

我曾在某处读到过这样一句话："我们都倾向于把外部激励的重要性，尤其是金钱，更多地归因于他人，而不是我们自己。"这让人深思，不是吗？

我记得，我曾在一家工厂为员工代表组织了一个工作坊，他们完全相信高层管理层唯一关心的就是钱。"看看他们开的车就知道了！"可以想象，管理层同样坚定地认为对于生产线上的操作人员来说，金钱是一切，而他们的收入只是管理层的一小部分。

这意味着，任何处于领导地位的人，都应该把找出真正激起每位下属兴趣的"动力"作为自己的事业，量身定制地与每位下属用心地相处。

> 一家呼叫中心的管理层明智地决定，询问其呼叫中心的座席人员——其中大多数是20岁出头的年轻人——他们在工作中最想要的是什么。得到的答案是：掌握能增加他们就业选择的技能和知识、有进步感以及能让他们过上合理生活的轮班安排。
>
> 管理层没有把钱花在高薪和奖励计划上，而是选择投资建立一个学习中心，让员工可以在工作时间以外进入学习中心。他们将完成基本培训后一次性加薪的做法改为根据完成既定目标的情况进行一系列小幅加薪。最后，他们让呼叫中心表现最出色的员工优先选择他们想上的班次。员工保留率和工作效率显著提高。

学习和发展、团队建设、工作设计和授权是组织应该做的事情，而且应该做得更多。

"学习型组织"已经成为老生常谈。不过，企业对员工的最佳投资之一就是员工的学习和发展。除了胜任工作所必需的技能外，企业领导层还应为员工提供成长和发展的机会。

持续 / 做更多

- 学习和发展；
- 团队建设；
- 工作设计；
- 授权。

这种类型的培训不能像职业培训那样实现投资的即时回报，因此不那么容易证明学习效果，但在适当的时候，它会得到丰厚的回报。

在非洲银行服务公司（BankservAfrica），每年的培训预算从来没有全部花完。这一切都随着一位资深人士被任命为组织发展主管而改变。这对组织文化的影响是巨大的。该公司现将员工工资成本的 3% 持续投入人才发展中。

在组织中鼓励合作／团队精神（一种价值观）而不是竞争（一种需要）的一种方法是在自然工作团队中培养团队精神，高层管理团队尤为如此。当高层管理团队的成员把帮助同事取得成功、确认同事的重要性而不是自己的重要性作为自己的职责时，他们就为组织的其他成员树立了榜样。

强大的团队不会自发产生。组建团队是一项艰苦的工作。它需要"暂停一下"，审视团队的工作方式，并致力于一种有助于，而不是阻碍，实现团队目标的合作方式。

在本书的前半部分，我们讨论了设计组织架构的重要性，这种架构为个人的成长和发展创造了空间。此外，整体架构还需要精心设计个人工作岗位，使工作具有挑战性，并使人感到有兴趣。

美国心理学家弗雷德里克·赫茨伯格（Frederick Hertzberg）在 20 世纪 50 年代首先提出了"工作丰富化"的概念。虽然不再流行，但投入时间让人们的工作更"完整"、更多样化、更有趣，还是有很多可说的。在这方面，企业的组织发展职能可以发挥重要作用。开发创新的方法、把待完成的工作作为实现目标的方法、培养员工成长花费的时间可能比实施工作评估制度、劳资关系程序等要有用得多。

最后，授权意味着人们有自主的需求，这种需求，换句话说，就是在工作中不受其上司的不必要干扰。

这就要求当权者少做管理、多做领导。与其不断地检查，要求他们汇报所做的事情，不如给予他们方法和赋予他们能力，让他们去做要求他们做的事情。退居幕后，让他们自己去做，然后让他们对所做的贡献负责。

这意味着管理者需要学会放手，不要再试图管理可预测的结果。他们还需要对逐步放弃控制权负责——也就是说，他们需要确保随着时间的推移，以前由他们做出的决策现在掌握在他们的员工手中。

减少工作场所普遍存在的贪婪和恐惧并非易事。然而，领导力实践中的以下变化有助于抑制或至少不助长目前组织中特有的焦虑和对追求更多的渴望。

员工的恐惧心理可以通过减少组织中发生的重组和相关裁员的次数来缓解。没有什么比失去工作的可能性更容易引起人们的极度忧虑了，不管这种可能性有多小。同样，使用被员工视为恐吓的威胁手段也应减少。威胁，会让员工产生强烈的不安感，使他们产生戒心，而不是积极主动。

正如丹·平克所建议的那样，工会、员工，尤其是高层管理人员的贪婪，不能简单地通过"支付足够的薪水，让员工不再为钱而担忧"来解决。然而，通过组织的领导层在奖励员工时表现出慷慨和勇气，便可以减少贪婪。我们所说的意思包括以下几点。

- 不因为便利或者缺乏坚定的决心而简单地对不当或过度要求屈服，或者因缺乏勇气直接说"不"。
- 抵制诱惑，不把越来越复杂和精密的激励方案提出来。
- 首先，要有勇气区分表现优秀的员工与那些确实表现超越了期望的员工。其次，要慷慨地奖励那些做出非凡贡献的人，且远远多于那些没有做出非凡贡献的人。

宣导价值观驱动的行为

许多组织的领导者不遗余力地阐明组织的价值观，并承诺按照既定的价值观来进行管理。通常通过一个包容和参与式的过程完成这项工作后，遗憾的是，就止步于此了。"企业价值观"及其行为指标被挂在了墙上，每个人都还都是"该干什么干什么"。

要将一套价值观及其行为指标真正渗透到一个组织各个结构中，需要的远远不止这些。这是一个需要数年时间，而不是几周或几个月的过程。根据经验，需要开展以下三项领导力活动。

- 需要帮助员工将企业的价值观和他们在日常的业务经验明确联系起来。他们需要非常清楚地认识到，在履行其工作职能的过程中，与价值观一致的行为实际上意味着什么。
- 企业的价值观需要完全融入正在进行的管理实践和流程中。

▶ 人们需要为践行价值观负责。也就是说，那些与价值观一致行事的人需要得到积极的结果，而那些不这样做的人则需要得到负面的后果。

企业价值观：尊重及其行为指标

- ⊘ 接受，并珍视那些与我不同的人；
- ⊘ 尊重他人，不辱骂、羞辱人或贬低他人；

- ⊘ 私下批评、管教；
- ⊘ 把问题摆在桌面上，不八卦；
- ⊘ 即使困难重重，也要保持冷静。

合情合理的领导力已经与两家客户组织合作，共同设计了一个非常有影响力的"践行企业价值观"的工作坊。

在货运公司（Cargo Motors），参与者学习了价值观驱动的行为与需求驱动的行为之间的区别，以及如何在日常工作中检验价值观。随后，他们进一步了解了与企业每个价值观相符的具体行为。

研讨会的核心是"价值观校准"练习。参加者回顾了一系列在货运公司经常发生的真实例子。对于每个例子，考虑了以下几点。

▶ "在这种情况下，该公司的哪些价值观最具操作性？"

▶ "在这种情况下，正确的做法是什么？与方便的做法相对的是什么？"

▶ "如果公司现在出现完全相同或类似的情况，我们会怎么做？"

▶ "那么，我们需要在未来采取哪些不同的做法？"

MBD 信用解决方案（MBD Credit Solutions）提出了一种非常创新的方法，将其价值观融入管理实践中。它将"践行价值观"作为所有业务审查会议的标准议程项目。参加会议的每个人都要汇报自上次会议以来自己所在地区发生的事件，以及在处理这些事件时是否遵循了当时的价值观。最好的案例会提交给高级管理团队审查。作为组织的领导层，他们能够持续跟踪企业在多大限度上践行了价值观。

MBD 信用解决方案设计的流程实际上是"观看比赛"这一合情合理的领导力

实践的正式化。

许多组织都将自己的价值观纳入了年度绩效评估流程。个人评级的百分比以及由此带来的加薪百分比，是个人践行公司价值观程度的系数。虽然出发点是好的，但我不确定这会产生什么影响。首先，这一比例往往很小，通常占总评分的 5%；其次，在没有真正"观看比赛"的情况下，很难对一个人在多大限度上是价值观驱动而不是需求驱动做出正确的判断。这可能是我所知道的一家公司中每个人都能拿到确保的 5% 的原因。

我希望看到更多这样的例子，即企业员工不仅因为故意违反企业的价值观而受到谴责，而且实际上被解雇。我指的不仅仅是裁掉那些明目张胆地腐败或挪用企业财物的人，而是移除那些在取得业绩的同时，却破坏了企业价值观的人。

也就是说，在高管不可避免地因道德失范而被解雇、企业业绩一落千丈之前，他们就应该因道德失范而被解雇了。到那时，也只有到那时，价值观驱动的行为才会在组织中优先于便利。

▶ 培养使命感

有时，我们会借机测试这样一个假设：组织中的人总是出于自身利益的原因行事。我们选择一个参与者，最好是那些把金钱作为主要驱动因素的人，并提出以下建议。

> 无论你现在的收入是多少，我都会给你三倍的工资。你的新工作就是坐在一间没有窗户的空调办公室里。办公室里有一张桌子和一把椅子，但没有计算机、写东西的材料和电话，且你必须把手机放在外面。除非在正常的午休时间，否则你不能睡觉或四处走动。你的工作就是整天坐着、观察，并保持全天持续的警觉。你愿意接受这份工作吗？

大多数人会拒绝这份工作。那些接受了这份工作的人说，他们可能只会坚持几天。原因是他们无事可做。

💬 那我们就给你提供一份体力活吧。一份有明确的措施和目标的工作，因为这些都是很好的激励因素。你的新工作是按规格挖洞，深 2 米，长 2 米，宽 1 米。你会收到关于挖洞所需的时间、每分钟铲子数、肌肉增长等方面的反馈。你的奖金将根据你在这些关键绩效指标上的表现而定。在你回家之前，你必须把你挖的洞都填满。你愿意接受这份工作吗？

不用说，大多数人觉得第二份工作几乎和第一份一样难以接受。这一次缺少的是一种目标感。一天下来，什么也没达成。

💬 从职能上讲，第一份工作是守夜，人坐在那里守夜；第二份工作是挖洞和填洞，这是掘墓人的工作。这有何不同？因为，只有当从事一份工作的人认为这份工作具有价值贡献时，它才有意义。

这个练习只是简单地说明了，真正激励人们的不是工作的"索取"，而是工作的"给予"。真正激励人们工作的是他们感到自己在做出贡献。因此，最终的动机是在我们所做的工作中找到意义，而不是报酬。

领导者可以通过三种方式帮助自己和员工找到工作的意义。

首先，高管团队可以用善意的而不是恶意的或自私自利的术语来定义组织的宗旨。其次，他们可以为员工提供工具，让他们用某种方式表达自己，在工作中找到更大的意义。再次，他们可以帮助企业中的每个人，在他们所做的具体工作和企业的整体善意意图之间建立可视的链接。

> **培养使命感**
>
> ⊘ 确定企业的善意意图；
>
> ⊘ 在工作中寻找意义，并将工作与企业的善意联系起来。

一个组织的目标通常体现在其使命或愿景的陈述中。以下有两个例子。

▶ 成为世界一流的学术医院，在优质服务、培训和病人护理方面处于领先地位。

▶ 通过一支忠诚、纪律严明和敬业的团队，专注于铂族金属的浓缩和基础金属的生产，以安全、可持续的方式实现最大价值。

这两种陈述以及类似的陈述存在两方面问题：首先，他们更多地谈论组织的愿望，而不是组织的贡献。在潜意识中，它们更多的是关于我们自己，而不是组织要服务的对象。其次，它们指明了组织的业务以及组织良好的运营方式，但没有说明客户的生活如何因此变得更好，甚至没有说明组织的业务如何使世界变得更美好。

合情合理的领导力为客户提供了一个流程，帮助他们阐明自己的崇高目标，这个流程围绕着回答以下四个问题展开。

合情合理的领导力

1 谁是我们的客户？

2 他们的需求和愿望是什么？

3 我们想要实现的转变是什么？

4 我们组织的善意意图是什么？

我们的客户
工作中的人们

他们的需求和价值观
安全、履职、意义、和谐、目标、贡献、服务、任务执行力、激情、自制

我们力求带来的转变
从需求驱动到价值观驱动

我们的意图
在工作中，从索取到给予

通过回答这些问题，再加上一些文字的精心打磨，可以澄清组织的价值贡献。以下是一些来自不同企业的例子。

"我们保护那些在海上生活和工作的勇士们的安全。"（一家整修石油钻井平台和远洋船只的海洋工程公司）
"我们为维持和平和国家安全提供保障。"（军用飞机的设计者和制造者）
"我们把人们链接在一起，使他们有可能超越国界，实现自己的梦想。"（巴基斯坦的一位移动电话运营商）

每当我们与人们一起合作定义他们企业的善意意图时，我们都发现他们在这一过程中感到无比兴奋，甚至感动，这背后的原因是显而易见的。

归根结底，领导者可以选择将企业的角色定位为：要么是为所有者的利益而存在，要么从根本上说是为市场做出贡献。

只有第二种说法才是足够善意和高尚的，足以要求组织中的每一个人为了自身利益以外的原因而行动。只有第二种说法才能把在这里工作的人团结起来，并动员他们持续地付出额外的努力。

▶ 找到工作的意义，并在特定工作和企业善意意图之间建立可视的链接

工作没有贵贱之分，只有有意义和无意义之分。这意味着，人们不必放弃自己的工作，加入"和平组织"，以便感到自己的工作是有意义的，也不必以任何方式改变自己所从事的工作。通过一些关注和努力，他们就能在自己现在的工作中找到更大的意义。

他们可以通过回答揭示企业善意意图相同的四个问题来做到这一点，但这次是针对他们个人的工作。在这种情况下，问题如下。

1. 谁为我的工作买单？
2. 他们为什么付钱给我？
3. 我工作的成果是什么？取得成果之前和之后的状态是什么？
4. 如果我始终如一地做好这件事，这将如何帮助他人或让世界变得更美好？

还有其他方法可以帮助人们发现自己所做工作的积极影响，如可以让他们回答"我的人生命题是什么"，换句话说，"我希望别人如何评价毕生的工作"。可以要求他们改写自己的职位描述，以吸引其他人来应聘；可以要求他们思考客户会如何形容他们的工作内容；如果用工作对他们生活的影响来描述他们的工作，客户会给他们什么样的称谓等等。

在**合情合理的领导力**工作坊上，在人们确定了自己工作的善意意图之后，我们会要求他们重新审视自己工作的理由。在回答"你工作的理由和你对工作善意意图

的陈述中哪个更有激励作用？"这个问题时，我们总是发现，对工作善意意图的陈述毫无疑问地胜出。

剩下的就是帮助员工将他们所做的工作与企业的善意意图联系起来。在大多数情况下，人们并不难做到这一点。在个人工作和企业的总体目标之间建立清晰的联系，可以持续地激发人们在工作中的动力。

在每个人的工作生活中，总会有工作枯燥乏味、不堪重负或困难重重的时候，当人们牢记自己做的工作所带来的价值时，即使在他们不容易做到的时候，他们也能持续保持动力。

总而言之，根据近三十年对**合情合理的领导力**原则和实践的研究，我深信，人们有无限的能力为高于自身利益的原因而行动。

当权者的核心目标是让为他们工作的人能够充满慷慨和勇敢，在工作中以价值观为驱动，而不是以需求为驱动地行事。

4

第四部分

培养责任感

实施合情合理的领导力模型所寻求的组织成果之一，在组织中，人们承担责任，被追究责任，并对自己的贡献负责。

要做到这一点并不容易，原因有二。首先，组织擅长培养那些觉得自己无法掌控生活，完全受制于无法控制的力量。在这种情况下，他们会感到并表现出受害者心态。其次，对组织中的人员问责不当，他们被问责的是获得了什么，而不是自己贡献或给予了什么。他们因为被要求对超出了自己可控范围的结果负责而感到无能为力，而不是对掌握在自己手中的结果负责。

因此，在组织中培养责任感，首先意味着应对随时随刻出现的受害者行为。也就是说，让弱者变成强者，重新获得力量。

在第二种情况下，它意味着建立一个以贡献为基础，而不是以结果为基础的个人绩效管理体系。

最后，这意味着让员工对业务中的异常情况承担适当的责任，而不是采取"快速修复"措施，或实施其他控制措施。

在第十章中，定义了受害者行为及其对个人和组织产生的后果。本章其余部分提供了一个简单但有力的过程，通过"把怨气转化成目标"的流程，培养强大的员工，这个流程应该成为任何领导者工具包的重要组成部分。

契合合情合理的领导力模型的绩效管理流程，基于以下假设。

▶ 个人应该为自己做出的贡献／为他人带来的独特价值负责。

▶ 个人应该为自己的行为负责，为自己手中的权力负责。

▶ 应该定期明确并商定个人应承担的责任。

▶ 奖励与处罚应与驱使个人贡献的意图相匹配。

第十一章解释了这些假设在绩效管理流程每个要素中的应用，概述了每个要素如何促进员工做出贡献，以及成功实施每个要素的标准。最后，从"为什么"和"如何"两个方面阐述了如何成功实施个人绩效管理的流程。

第十二章的基本前提是，出现在计分卡上的结果只是一种表象，而不是根本原因。妥善处理企业中的正面和负面异常情况，意味着要找出所有异常情况背后的问题和原因，然后根据诊断，采取适当的管理措施。本部分最后一章概述了确定异常情况背后的指挥问题以及妥善处理的方法。

第十章

塑造强者

　　在员工无法释放能力的环境中，当组织结构失调、制度令人窒息时，员工不容易做出贡献。

　　然而，真正使组织中员工泄气的不是周围的环境，而是他们自己。正如一家铂矿的总经理所言："真正束缚人们的枷锁不是外部的，而是内部的。"

　　这意味着，领导者的授权包括两项任务，而不是一项。

　　▶ 破除障碍——创立一个以自由为基础，而不是以控制为基础的环境。

　　▶ 塑造强者——无论何时何地，都要面对并解决受害者行为问题。

　　前者通过营造一种授权环境来授权，后者则是通过扶持有能力的人，而不论他们所处的环境。

　　在这两项任务中，塑造强者是最重要的。因为强者不仅能承受不同的环境，而且往往能够征服自己所处的环境；而弱者，即使在最良性的环境中，也会逐渐衰弱。在塑造强者的过程中，弱者可得以变得强大，能重新获得力量。

受害者的剖析

识别一个受害者并不难，这并不是因为受害者们都有相同经历，恰恰相反，受害者与年龄、性别、国籍、文化或生活环境无关。任何一个人，不管他在生活中的身份及地位如何，都有可能成为受害者。

在世界范围内，受害者与非受害者的区别首先在于，他对自己的处境感到不快乐、痛苦和委屈。

有些受害者默默地承受着，但更多的时候，他们会表达自己的担忧。他们充满怨气，或抱怨任何导致他们痛苦和不满的事情。

从行为上讲，受害者几乎不做任何事情来减轻自己的痛苦，受害者的主要行为是不采取行动，他们不会主动去面对自己的困境，而是把时间花在责怪他人或整个世界上，为自己的不快乐而埋怨。

有受害者心态的人

▶ 充满怨气；
▶ 指责他人；
▶ 举止失当。

受害者的行为往往是不恰当的。在他们看来，他人或生活本身都对他们不公平，因此，他们觉得自己有权采取类似的行为。他们做任何想报复的事情并因报复而为所欲为。他们认为自己的不当行为（如果他们承认的话）不仅是可以接受的，而且是绝对正当的。

一个受害者的痛苦、愤怒和不良行为明显不是他生活中发生的事情的结果。他之所以成为受害者，是因为他对影响自己的负面事件的反应。顾名思义，任何受害者抱怨的根源都是过去或现在发生的事件，是已经发生的或者还在发生的事情，使他如此不满。因此，一个受害者实际上是被自己的过去所困。

有受害者心态的人

▶ 受困于过去/被过去定义；
▶ 有外部控制取向；
▶ 有权利意识。

> 💬 一个典型的例子：我遇到一位女士，她的丈夫抛弃了她认为长达 25 年的幸福婚姻，和他 20 岁的秘书同居了。可以理解，她伤心欲绝。她的愤怒和痛苦让我以为这是最近发生的悲剧。事实上，他七年前就离开了她。

同样，在工作中，有些人无法忘却在他们工作生涯早期发生的事情。他们紧紧抓住过去的失望和伤害不放，实际上是让过去发生的事情来左右现在的自己。

无论事件的具体情况是什么，受害者怨声载道的原因归根结底有两个方面：受害者之所以不开心，本质上是因为他们没有得到自己想要得到的东西（如升职），或者他们得到了自己不想得到的东西（如婚姻的结束）。

一个人得到什么或没有得到什么，都不是完全在自己的掌控范围里，因此，受害者会觉得自己受到了无法控制的力量的摆布，这就是心理学家所说的"外部控制倾向"。

斯蒂芬·科维（Stephen Covey）的说法略有不同，他把一个人的"关注圈"和"影响圈"区分开来。受害者通常关注的是对他们有影响的事情，而不是他们能够影响的事情。他们被自己的关注压得喘不过气来，原因很简单，他们没有把注意力集中在自己可以影响的事情上，没有关注他们自己所拥有的力量。

最后，受害者认为他们有权从其他人甚至整个世界得到他们想要的东西。因此，他们有一种根深蒂固的"有权得到"的意识。如果他们没有得到自己认为应得的东西，那么除了他们自己之外，其他人或事物都要为此负责。因此，他们既不觉得自己有责任，也不为自己的生活负责。

⚠️ 为什么受害者行为是一个问题

受害者对自己和他人都是一个问题。

首先，受害者关心自己在任何情况下得到或得不到什么，这导致他们试图控制结果。这是徒劳无益的，因为无论设计得多么完美，结果都是无法保证的。

后果

▶ 没安全感；　▶ 软弱；

▶ 不满足；　▶ 冲突。

世界并不是为了仅仅因为人们想要这些东西，来满足人们所有的需求而设立的。这个世界当然也没有被设立成能够在人们期望的时刻以期望的方式提供所需的东西。因此，受害者最终会变得焦虑和没有安全感。

与此相伴的是，由于一个人的期望不可能总是得到满足，因此受害者总是感到他们所得到的与他们的期望相去甚远或不完全一致。总有一些事情让受害者抱怨，总有一些事情让他们失望。因此，受害者通常会感到不满足和不满。

其次，受害者需要通过自身以外的渠道来满足自己的欲望，这也使他们容易被操纵。他们所处的环境和处境中的其他人都能控制他们，因为他们可以不满足受害者的要求，因此，受害者发现自己处于弱势地位，而不是强势地位。

最后，受害者与他人、与整个世界都处于冲突之中。他们担心自己想要的东西会被人夺走，这让他们感觉受到威胁。而他们想从别人那里得到什么东西的行为，也同样让那些人感觉受到威胁，因为他们认为受害者具有掠夺性。在这种情况下，受害者与他人的关系是冲突的，而不是和谐的。

作为群体成员的受害者对于所在的群体和整个企业都构成了问题，这是因为受害者的行为具有传染性。受害者会把他们的受害者意识传染给其他人，以至于受害者病毒最终蔓延，并拖垮整个组织。

在任何一个群体中，受害者行为盛行的程度都很容易弄清楚——只要对这个群体的成员提出这样的问题："是什么阻止或制约了你做出贡献？"

这个问题的答案明显区分了受害者和非受害者。受害者的制约是关于他人／得到的，而非受害者的关注是关于自身／给予的。

在任何领导群体中，当"他人／得到"制约的百分比超过"自身／给予"的制约

百分比时，前景就不乐观了。这是因为处于领导角色的受害者会滋生出更多的受害者。如果企业的高层有很多受害者，可以打赌，企业底层可能有十倍的受害者。

**受害者心态
制约因素**

他人

得到
不受掌控

给予
掌控中

自身

**非受害者心态
制约因素**

▶ 管理层目标朝令夕改，行为不一致。

▶ 生产对我们（工程）提出了不合理的要求。

▶ 业务出售带来的不确定性。

▶ 必须得到太多的审批签字才能完成工作。

▶ 我不信任别人。

▶ 我怎样才能把人培养成最好的自己？

▶ 我对我的下属太软弱了。

▶ 我们还没有建立正确的架构。

▶ 我不能拒绝别人的要求。

把受害者变成强者

一个受害者要转变成强者需要做出三个改变。

第一个改变是注意力的改变。这相当于从根本上将注意力从对过去/现在的充满怨气转移到目标上，而这个目标顾名思义就是未来上。受害者通过向前看，通过关注未来，而不是过去，成为强者。

在成为强者的道路上，第二个改变与意图的改变有关，与一个人选择什么对自己有

从受害者到强者

过去/现在	未来
索取	给予
不负责任	有责任感

意义有关。强者优先考虑或重视他们想要给予的东西或他们的贡献，而不是他们想

要得到的东西。这样，他们就变成了给予者，而不是索取者。

第三个改变是从已知的、安全的状态，到未知的、不安全的状态。受害者状态之所以吸引他们，是因为它没有风险。俗话说，宁可选择已知的恶魔，也不要选择未知的恶魔。要想成为强者，就必须承担风险，并为此承担责任。与受害者相比，强者会对自己所处的境况承担全部责任。

如上的注意力、意图和责任感的三个改变可以通过四个步骤来实现。

> **把怨气转化成目标**
> ▶ 确定根本原因 / 问题；
> ▶ 将问题重新表述为一个目标；
> ▶ 制订实现目标的行动计划；
> ▶ 建立问责制。

第一步是抓住问题的核心，确定怨气背后隐藏的问题。这是因为，怨气只是症状，不是原因，不是问题。

第二步是将原因导致的问题重新表述为一个目标，将怨气转化为个人可以追求和实现的目标。有了目标，就可以集思广益，想出实现目标的方法，列出一份可能采取的行动清单，如果采取这些行动，就能实现目标。

第三步，从所有可能性中，提炼出最有可能实现目标的行动，并将其排序，形成行动计划。

第四步是对行动计划做出承诺，通过承担计划的全部责任，将计划变为现实。

这四个步骤一起构成了一个流程，称为"把怨气转化成目标"流程。"把怨气转化成目标"流程并不复杂。它既可以适用于小的不满，比如天气，也可以适用于大的担忧，比如全球经济危机。个体可以把这个流程应用到当自己有怨气时，而群体有怨气时也可以应用这个流程。

但问题是，无论是个体还是群体，都不会一直使用这个流程。大多数人偶尔会陷入受害者模式，从未陷入受害者模式的人极为罕见。而另一些长期的受害者似乎在大部分时间里都会陷入困境，无法自拔。

这时，另一个人就可以提供帮助，帮助"有怨气者"通过协商重新获得力量。在工作环境中，这个人最好是他的管理者。在合情合理的领导力的环境中，只要出现受害者行为，管理者就会予以正视和处理。他们坚持不懈地帮助软弱无力的个人和团体变得强大有力。

有很多这样例子表明，那些心怀不满的员工看似顽固不化的受害者，在关心他们的管理者的帮助下，重新获得了工作动力，有了贡献意愿。一位运营经理曾在一个周五的下午与一位经验丰富的质量专家一起，采用了"把怨气转化成目标"的流程。这位员工的状态在过去十年的大部分时间里都如同"退休"。但，他周一回来后却如脱胎换骨，变了一个人，并在一年内赢得了令人羡慕的服务奖。同样，一位工厂经理（后来成为 AEL 矿业服务公司的首席执行官）能够在几个月内，通过遵循流程中的四个步骤，将好斗并具有破坏性的员工改造成了乐于工作、卓有成效的员工。

遗憾的是，上述例子并不是到处可见。许多管理者避免完全使用这个流程，默许自己的员工成为受害者。具有讽刺意味的是，这些管理者最终自己也成了受害者，没完没了地抱怨下属的失败。

> **成为强者的障碍**
>
> ▶ 容忍受害者；
> ▶ 拒绝聆听；
> ▶ 惹是生非；
> ▶ "羞耻"综合征。

其他管理者也尝试这个流程，但坦率地说，他们并不擅长。

他们假装对有怨气者的担忧感兴趣，但真正的意思是"滚开"，这意味着，作为管理者，他们有更重要的事情要处理。

一些管理者惹是生非，把有怨气者的问题变成了自己的问题；或者，为有怨气者提供解决方案，从而使得有怨气者对拟议的行动计划缺乏承诺。最糟糕的是，管理者会患上一种叫作"哦，可悲"的羞耻综合征。这是"你以为只有你有问题，那我来告诉你我的问题"的简称。这样，房间里就不是一个有怨气者，而是两个了。

然而，经过一些培训，再加上刻意练习，管理者可以在这个流程中变得非常娴熟，他们也必须这样做。如果一个领导者没有能力培养下属的责任感，并使他们能够为自己的现状承担责任，那他的领导工作最终将是失败的。

把流程中的每一个步骤做好

1 第一步：
倾听

当有怨气者发现了怨气背后的真正问题时，这个流程的第一步就成功了。如果倾听者对问题有清晰的认识，而有怨气者却没有，那么第一步就没有完成。

只有当有怨气者对"所以，你真正担心的是……？"这个问题的回答为"是……"，那么是时候进入第二步了。

很少有病人走进医生的房间时宣布自己生病了。相反，病人会描述自己的症状，比如"我头疼，肚子疼"。医生的任务是从病人目前的症状开始做出诊断。

目标	找出根本原因
规则	寻求理解，而非被理解

同样，有怨气者最初的怨气是一种担忧的表达，而不是对问题的判定。作为帮助者，管理者不是要把问题正式宣布出来，而是帮助有怨气者自己解决其问题，找到根本原因。

有怨气者最初的陈述和实际问题的陈述很少是一样的。两个例子说明了这一点。在银行业环境中，最初出现的怨气是"决策权级别不明确，拖慢了我的速度"。有怨气者最终承认的问题是"（一些）分行经理没有授权给他们的客户经理"。在另一个案例中，员工担心的是"办公室搬迁和随之而来的难以承受的运输成本的增加"。然而，与这一变化有关的真正问题是她的"孩子的安全，现在我回家比以前晚了"。

在这个阶段，帮助者的作用是寻求理解，而不是被理解。这就需要帮助者有耐心，真正去倾听，倾听更多的信息。

在第一步中，倾听者必须全神贯注地倾听有怨气者所说的话，倾听者只有停止自己内心对话时才能做到这一点。只有这样，倾听者才能真正、无条件地置身其中，为讲述者所想；只有这样，倾听者才是真正为了他人放下了自己的事情。

然而，倾听并不意味着完全沉默，也不意味着逐字逐句地回应对方所说的话。倾听意味着向有怨气者提出正确的问题，这一点很有必要，因为有怨气者往往不会在一开始就把事情陈述完整，所提供的信息通常也是不完整的（"我得到了升职的承诺，但没有升迁"）、夸张的（"每次他说要做什么，但他却没有做"），或者是基于假设的（"我的工资太低了"）。

有技巧的倾听者不会反驳或反对别人所说的话。相反，他们会问有怨气者一些问题，让有怨气者能够说得更具体，并检查他所说的话的有效性。对有怨气者有用的问题可能包括"是谁／怎么具体？""没有？""跟什么／跟谁比？""是什么阻止或制约了你？"。简单地问"为什么？"会有所帮助，而且要一直这样问下去，直到有怨气者找到问题的根源，找到他鞋子里真正的石头。

然而，对于第一步来说，最重要的是不急于完成第一阶段。第一步的目的是让有怨气者认识到真正困扰他的是什么，这种洞察需要时间。

倾听是这个阶段的第一步。这是花费最多时间的一步，在一个良好的"把怨气转化成目标"的流程中，第一步可以占到对话的70%，当"把怨气转化成目标"的流程不是很奏效时，最常见的原因是没有给第一步留出足够的时间。

2 第二步：
用目标表述

与第一步不同，第二步非常快。从字面上看，是让有怨气者把他现在所理解的问题作为一个目标重新陈述一遍。问题陈述和目标陈述实际上是一样的，唯一改变的是，情形不再被表述为问题，而是目标。

"（一些）分行经理没有授权给客户经理"

🎯 目标	聚精会神向前看
规则	不引入新的内容

的问题，变成了"让那些没有授权给客户经理的分行经理这样做"的目标。"我回家比以前晚了，孩子就不安全"的问题，转化为"在我晚回家之前确保孩子的安全"的目标。

第二步的规则很简单，但很关键。这个规则就是：不引入新的内容。所需要做的就是把问题陈述转换为目标陈述，而不引入新内容。例如提供问题的解决方案。"我很孤独"这个问题应该变成"不孤独"的目标。如果把目标作为解决方案——"养只宠物""加入一个交友俱乐部""交朋友"——那么就引入了新的内容。

将问题重新表述为目标，可以从两个方面增强人的能力。

首先，问题本身的性质发生了变化，变成了能力问题或技能问题。这个人所面临的问题变成了"我该怎么做"的问题——"我如何说服分公司经理赋予客户经理权力？"

其次，这个人现在的注意力集中在了前方，这也增强了他的能力。将问题重新表述为目标，使人从过去走向了未来。在短短的一瞬间，它还释放了所有被问题束缚的负能量，并将其重新引导到有用的东西上，即追求一个目标。

③ 第三步：
头脑风暴

第三步的目的是让有怨气者去拥抱一些新的可能性，而这些可能性是到目前为止他还没考虑过的，或者即使考虑过，也被他否定了。有时，一个人知道真正的问题是什么，也有实现目标的想法，然而，他陷入困境的原因是，他尝试过一些方法，但没有奏效，或者没有达到预期的目标。

🎯 目标	制订实现目标的行动计划
规则	庖丁解牛，得心应手

失败，使他如瘫痪一般变得懒惰，不愿前行。

此阶段的第三步旨在完成以下工作。

▶ 提出以前未曾尝试、未曾想到的新想法，或者能实现目标的方法。

▶ 摒弃那些不道德、不合法、不切实际的想法。

▶ 把余下的想法整理成一个行动计划，并制定采取什么行动、以什么顺序，在什么时候采取行动。

比方说，我和婆婆的关系中有一些尚未解决的麻烦。我的目标是解决这些麻烦。解决这些麻烦有很多可能的方法，包括雇人来解决我的问题（已经这样做了）、离婚、做一个"很好"的儿媳妇，或者，改变我对婆婆的态度。修改这个清单并不难，我该做什么，按什么顺序做，都很清楚。

值得注意的是，只要一个人还有呼吸，没有脑损伤，就总能做些什么——改变对自己所处环境的态度或成见。有无数的事例表明，人们在遭受恐怖之后，通过控制自己的思想和感受（有时这是他们唯一还有力量控制的东西）——来避免成为受害者。

第三步似乎很简单——毕竟，这是一场典型的头脑风暴。然而，在这一阶段，"把怨气转化成目标"的流程可能会因为以下原因而脱轨。

首先，管理者作为帮助者，可能会因过分努力而提出解决方案，前提是如果有怨气者知道该怎么做才能解决问题，他早就这样做了。不幸的是，由于管理者的过度帮助，有怨气者会变得被动，甚至产生抵触情绪。而有怨气者有能力否定帮助者提出的想法，X、Y 或 Z 不起作用的原因总是有的。有怨气者通常会详细描述"为什么行不通"，而帮助者会拼命地寻找能让有怨气者满意的解决方案。

其次，"煲一锅大杂烩"这一规则在这里很适用。帮助者可以提供一些想法，但与此同时，也要让有怨气者自己做出选择。根据"把怨气转化成目标"流程的经验，大多数人实际上知道他们需要做什么，他们已经有了答案，只需要有人引导他们说出来。

在这一点上，"浴缸中的肥皂"最能说明问题。就在受害者似乎已经掌握了自己能做什么的时候，他却偏离了确定自己可以做什么的任务。更糟糕的是，他又回到了第一步，在一次向后的跳跃中，可以形容为一个强壮的人又倒退成了一个怨声载道的受害者。其中的原因显而易见，这个人又回到了自己的舒适区，回到了那个已知的地方，在这个安全的地方，他不会有任何风险了，其他人要对自己负责了。

如果发生这种情况，帮助者需要坚定。他需要把有怨气者从安全的地方拉回来，让他面对未知。这样做的方法是提醒受害者目标是什么，并坚持让他至少考虑一下实现目标的方法。

最后，第三步可能会彻底失败，因为这个人拒绝将可行的想法变成具体的、有时间限制的行动计划。现在，帮助者需要坚持不懈："如果这个行动是最可行的选择，你什么时候可以去做呢？"

必须强调的是，"把怨气转化成目标"的流程是为了恢复一个人的责任感，让他对自己所处的环境负起责任，这也符合他自己的最大利益。帮助者需要的是严厉的爱，也就是"心中有仁，手中有钢"。

第三步实现了从受害者到强者的第二次转变。它使人们的意图从"来索取"转变为"来给予"。为此，它将人的注意力集中在可以做的事情上，集中在自己手中的事情上。任何人都不可能同时专注于索取和给予。因此，将注意力转移到给予上，就能有效地消除对索取的关注。

4 第四步：寻求承诺

第二步很快，第四步也很快，这是"把怨气转化成目标"流程的最后一步。这个步骤包括向有怨气者提出这样一个问题："你是否要致力于这个行动计划？"在回答这个问题时，当事人只能回答"是"或者"否"。

如果当事人回答"是"，那么显然他对行动计划拥有所有权，并对执行此计划负

🎯 目标	建立问责制
规则	做出明确决定，并阐明后果

195

责。如果当事人回答"否"，那么他仍然有责任，他只是拒绝为实现目标而付出代价，是经过权衡，决定不承担行动计划中应有的风险。

显然，这是他的选择，他有权这样做。然而，如果这是他的决定，那么帮助者需要指出，这个决定意味着他要对自己的处境和选择负责。

这对有怨气者和帮助者来说都很艰难，但，最终能增强有怨气者的能力。

以受害者的心态与其共谋，而不是与其对抗要容易得多，而且在政治上也更正确。正如英国前首相戴维·卡梅伦（David Cameron）在回应英国的高肥胖率时说的那样："现在是时候了，我们不能再把人们称为易胖体质，而应该直言不讳地说，女士／先生，你很胖，而你胖的原因是你吃得太多，运动太少！"

成功完成整个流程

从使用和协助领导者使用整个流程的经验来看，我们发现以下几点是成功的关键。

▶ 在整个流程中，牢记最终目标是至关重要的。最终要的是一个负责任的人、一个强大的人、一个重获力量的人。最终结果并不是问题的解决，也不是为了让一个人感觉更好，尽管这些通常是这个流程的副产品。在这个流程中，每个人都可以，而且往往会从这个流程中以昂首阔步的姿态走出来，并意气风发。

▶ 帮助者不一定非得对内容有所了解才能提供帮助。过多的内容实际上可能是一种阻碍而不是帮助。这是因为帮助者很容易被内容所吸引，卷入其中。事实上，"把怨气转化成目标"的流程，是管理者在其感觉无奈时发挥最大作用的机会。

▶ "把怨气转化成目标"的流程不必一次完成。先做第一步和第二步，然后在其他时间做第三步和第四步，效果会很好。有时，在进行其他步骤之前，最好先见几次面，仅仅是为了聆听（第一步）。

▶ 这个流程很少是一次性的，不是做完就结束了的。在任何情况下，领导者／帮助者在第四步之后的跟进也是至关重要的。这不仅让有怨气者相信领导的关心是真诚的，而且会让有怨气者意识到，领导也要对他自己承诺的事情负责。

▶ 在开始"把怨气转化成目标"的流程之前，领导者需要将自身利益从讨论中"剔除"。如果有怨气者的出路（而且如果这个人准备付出代价，总有出路）是另谋高就，那么领导者支持这个人这样做是完全合适的。如果领导者把自己的利益介入其中，那么，就有可能被有怨气者视为有被操纵的危险。如果领导者觉得自己很难不对这个流程产生利害关系，那么他就应该回避这个流程。

最后，"把怨气转化成目标"流程中可以明显地看出，从倾听阶段得出来的问题／目标陈述可以分为两种类型，它们可以与"他人"或"自我"有关。

"我丈夫对我不好"的问题，目标是"让我丈夫对我好一点"，这个目标都是关于"他人"的。"我在婚姻中不快乐"的问题，目标是"我在婚姻中重新获得幸福"，这个是关于"自我"的。

在这两者中，与"自我"相关的问题／目标是一个人更能控制的。可以通过行为方式影响"他人"，但最终改变"他人"是不可能的，只能改变"自我"。

"把怨气转化成目标"的流程旨在使一个人能够完成从结果到过程的转变。然而，当一个人不再寻求改变**他人**，而是追求改变**自我**时，这是最成功的。

"把怨气转化成目标"的流程并不能使人完全变得成熟，因为从定义上讲，追求目标本身就是一种"从给予到获得"的过程。然而，追求的目标越与改变自我有关，这个人的成熟度就会越高。换句话说，他离最终摆脱所有目标并无条件地给予越近。

第十一章

重新创建个人绩效的管理流程

　　合情合理的领导力是关于人及其关系的，而不是关于系统、流程和架构的。然而，要实施合情合理的领导力，就必须在某个时间点对任何组织的绩效管理流程进行修正（更常见的是重新创建）。这是因为，在大多数组织中，绩效管理流程与授权框架中的问责制严重冲突。

　　我想到的一个比喻是，养猪户把刚洗干净的猪放回肮脏的猪圈，奇怪为什么它们很快就恢复之前的样子。当领导者在日常工作中公然违背问责原则，却让员工相信这些原则（通过合情合理的领导力工作坊），这完全是徒劳无益的做法。

　　因此，将企业的管理流程与"问责原则"保持一致，是将授权框架转化为日常领导力实践的关键推动因素。

问责制的原则

原则一：人们应该对他们的给予（他们的贡献）负责，而不是对他们的得到（结果）负责

当人们被追究责任时，会有四种情况发生在他们身上：惩罚、谴责、表扬或奖励。因此，在一个非常基本的层面上，出现了这样一个问题：人们应该因什么而获得报酬？是他们的给予（贡献），还是他们的得到（结果）？按结果支付其薪酬不仅会破坏组织中问责制的培养，而且从根本上说是错误的，原因如下。

▶ 首先，为结果支付薪酬归根结底就像是在赌场里玩游戏，其结果至少有部分是无法控制的。当人们因为结果而被支付薪酬时，他们是在为自己几乎无法控制的东西被支付薪酬。

一个小镇上的零售经理获得了一笔巨额奖金，原因只有一个——他走运了。他什么也没做，是因为唯一的竞争对手搬出了小镇，他的商店收入几乎瞬间翻了一番，他也因此获得了"成就奖"。运气，也是决定 2005 年南非哪些首席执行官收入最高的一个决定性因素。根据安·克罗蒂（Ann Crotty）和勒妮·博诺奇斯（Renee Bonorchis）在他们的著作 *Executive Pay in South Africa:Who Gets What and Why* 一书中说道，收入最高的是那些"抱金娃娃"的行业（零售 / 银行）的高管们，而媒体、技术和建筑行业的高管收入较低。

▶ 其次，贡献与结果之间存在的时间差可能导致一个人依靠前任的卓越贡献，或反过来为前任的糟糕表现付出代价或者背锅。一位以善于扭转业绩不佳地区的绩效而闻名的天才管理者就深有体会，就在他艰苦的努力初见成效并开始出现成绩的时候，公司却要把他调到下一个麻烦地区。即便如此，在拿了三年的一般薪酬之后，他还是拒绝调动，宁愿留下来，收获自己扭亏为盈的回报。

▶ 再次，由于大多数组织成果都是集体创造的，因此，要确保奖惩适当的人并不容易。当结果好的时候，集体中的"乘客们"会分享成果；相反，当整体结果不好时，个别"贡献大的人"也要跟着受苦。如果第一国民银行零售银行业务的整体 CSI（Customer Service Index，客户服务指数）良好，那么那些对客户不屑一顾的人就会把钱装进自己的口袋；如果 CSI 不佳，那么那些全心全意为客户服务的人就会因此受到惩罚。

▶ 最后，为结果买单会导致短期思维以及应急的权宜之计，这有时会带来灾难性的中长期后果。商业媒体上充斥着各种高管们的故事：他们削减了成本，并因随后下意识地改变企业的底线而获得了丰厚的报酬，结果却留下了一个瘫痪的组织，有时甚至无法恢复。

然而，在实践中，企业究竟是为了什么给员工发工资呢？尽管"绩效薪酬"被大肆宣传，但结果是否真的决定了发放的奖金，仍然存在很大争议。

从定义上讲，员工受到保护，免受生活变故的影响，而真正分享企业好坏命运的企业主却没有。尽管浮动工资方案五花八门，但决定员工每月能拿回家多少钱的主要因素是他在等级制度中所处的位置，可能还包括工龄，而不是他所在岗位的业绩。员工因其存在而获得报酬，这是做出贡献的必要先决条件，但不是贡献本身。

在许多企业中，绩效管理流程甚至不是为了奖励结果而设计的，而是为了奖励个人的"属性"设计的，如技能／能力，或他人对一个人的看法（目前流行的 360° 反馈）。无论企业实际奖励的是什么，肯定都不是奖励一个人的贡献——一个人实际为他人提供了什么或创造了什么价值。

为了与问责制的第一条原则保持一致，

应该奖励员工什么？

⊗ 他们的职位／工龄
⊗ 个人属性
✓ 贡献／价值创造
⊗ 结果

绩效管理流程的基础必须是个人的贡献。奖励应源于个人的贡献，并且是个人贡献的直接结果。

这不仅是公平的，而且是真正的授权，因为它使人们能够专注于他们能够做些什么的事情上。

2 原则二：
人只能对自己的行为负责，应该只有一个人负责

责任制与问责制

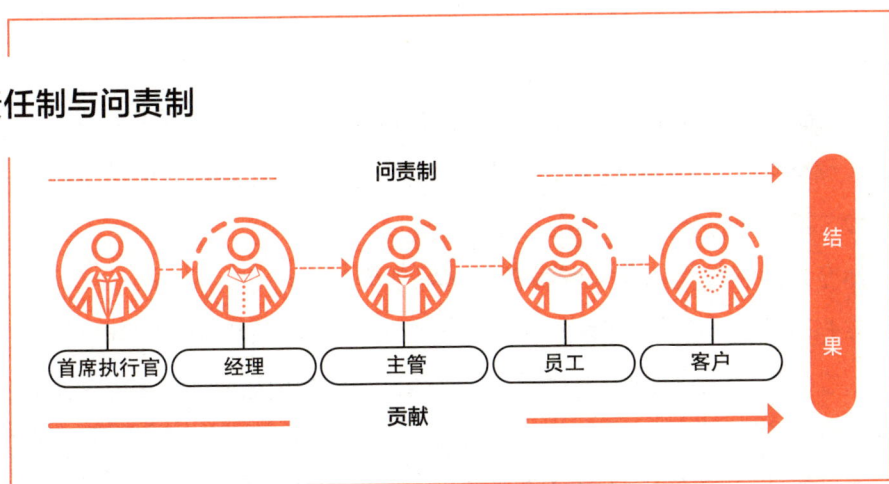

责任制和问责制是不同的。在组织中，员工的职责范围是自上而下分配的。例如，X 厂长可能被指派负责一个制造基地中四个工厂中的其中一个，工厂经理和工厂里的其他人一起对工厂的绩效负责，即在安全、质量和产量方面取得的成果负责——负集体责任。

然而，问责制则不同。责任是个人独有的，因人而异——它与个人的行为有关。人力资源经理可能对人力资源职能负有全面责任，但几乎不能对薪酬文员月末犯的错误负责。

在合情合理的领导力工作坊里，我们经常开玩笑地举下面的例子。一位培训

师正一脸无辜地站在挂图旁边，突然一个陌生人闯了进来，从背后拿出一张卷起来的报纸，猛击培训师的耳朵，然后离开了。然后，培训师用陌生人留下的报纸打了房间里最小的学员。工作坊参与者们一致认为，培训师要为打可怜的学员的行为负责，应该受到惩罚。然而，谁应该为培训师的遭遇负责？这引发了更多的争论。也许培训师应该被打？也许该负责的人是门口的门卫，因为他让陌生人拿着卷起来的报纸进来了？

这太荒谬了！人，只要是心智健全的成年人，都应该为自己的行为负责。不存在"是他们逼我这么做的"（亚当吃禁果并不能因为夏娃的吩咐而脱罪），也不存在"他们应该阻止我"（"我作弊了，但这不是我的错，你们没有在房间里放监视器来监视我"）。

问责制不同于责任制，问责制也不应该被分享。一旦不止一个人负有责任，就没有人负有责任了。当被问的责任被分享时，每个人都把做得好的事邀功，却没有人会为做得不好的事情承担责任。

如今，大多数组织都非常善于明确需要实现的结果。平衡计分卡在使用时，其领先和滞后措施符合所有利益相关者的需求以及复杂的目标调整流程，这意味着从呼叫中心座席员到董事总经理，大多数员工都清楚地知道公司希望从他们身上得到什么。

遗憾的是，人们需要为预期结果做出的独特贡献却并非如此。有人假定我的工作与你的工作相同。结果，责任重复、重叠、不平衡，一些员工被自己的工作压得喘不过气来，而另一些员工的潜能却未被充分利用。

此外，随着级别的升高，谁对什么负责变得越来越不透明。管理架构中的任何一个层级，就其独特的附加值而言，与其上一级或下一级都没有区别。

糟糕的是，管理者往往要对其直接汇报人的工作负责。由于每个级别要实现的结果都包含了下一级别的结果，因此，管理者既得到了成功的荣誉，也为不在他们掌握中的事情承担责任。这样做的结果是，他们无意中剥夺了那些本应负有此责任的人的责任。

为了与第二个问责制原则保持一致，每个个体在达成结果的背景下都有其独特的贡献，而这个贡献需要定期明确，并达成共识。

3 原则三：
执行任务的人应对其执行的任务负责，领导者应对关心和成就其直接汇报人负责

如果人们不清楚应为何负责，就无法追究其责任。一旦明确了贡献，就明确了应该被问责的是什么。

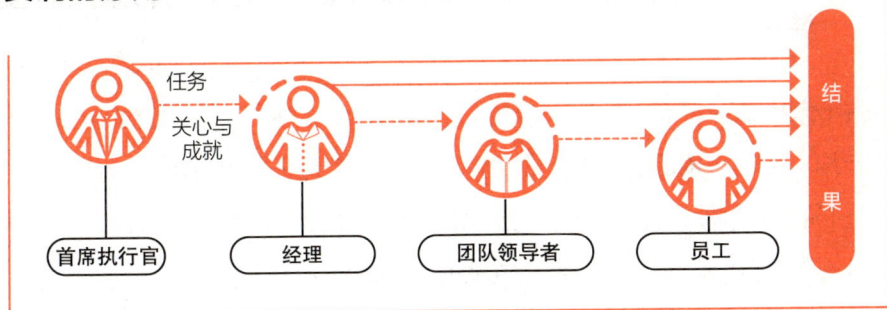

问责制的原则

从本质上讲，贡献有两种类型：第一种是完成对要达到的结果有直接影响的任务，这是销售人员、业务分析师、叉车司机等做出的贡献；第二种是那些领导他人的人做出的，无论他们坐在什么指挥位置。

这两种贡献有着本质的区别。直接贡献者对任务做出了贡献，贡献者所做的工作与要取得的成果之间有直接的联系。领导者的主要贡献不是对任务的贡献，而是对直接向其汇报人的贡献。球员才是来参加比赛的，教练是来赋能球员的。

因此，从一个非常现实的意义上说，有多少人向领导者汇报，领导者就有多少项工作 / 任务。对于每一位直接汇报者而言，领导者的工作就是关心和成就其直接汇报人。因此，领导者的角色是在任何时候都需要给予每一位直接汇报者以关心、

方法、能力、惩罚、谴责、表扬或奖励等七种可能性，或其中的一种。

在大多数组织中，衡量和奖励领导者的标准通常不是基于他们为团队**付出**了什么，而是基于他们从团队中**得到**了什么。他们被要求通过员工完成工作，而不是通过工作来完成塑造员工。

为了与第三个问责原则保持一致，任何担任领导角色的人的成功标准都必须改变。成功不应该是让自己成功，甚至不是让业务成功，而是让自己的员工成功。

评价领导者的首要标准是看其下属员工的素质。

④ 原则四：

只有给予人们有助于贡献的方法和能力时，他们才能被问责。如果他们有了方法和能力，就应该对他们的表现进行适度的惩罚或奖励

为了做出独特贡献，需要教给员工一定的方法，培养一定的能力。如果没有足够的方法（工具、资源、标准、权力和时间），就无法做出贡献。当他们缺乏能力（在如何和／或为什么方面）时，也无法做到。然而，仅此还不够。人们必须愿意做出所要求的贡献，激发人们愿意贡献的是责任感。

成就他人意味着授权给他

方法：
工具，资源，标准，权力，时间
能力：
为什么以及如何完成任务

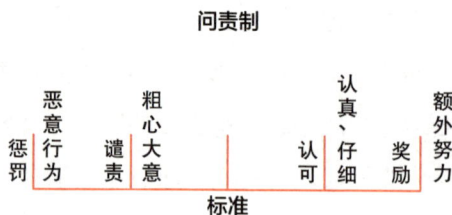

问责制

| 惩罚 | 恶意行为 | 谴责 | 粗心大意 | | 认可 | 认真、仔细 | 奖励 | 额外努力 |

标准

一个人的贡献可以是超过标准或低于标准的。当一个人的贡献超过标准时，要么他在付出额外努力（在这种情况下，奖励是合适的），要么他认真、仔细地确保

达到标准（在这种情况下，应该予以认可）。

　　同样，如果一个人有方法和能力，但低于标准，有两种可能的原因：要么这个人粗心大意，应该受到谴责；要么这个人是恶意的，应该接受惩罚。在商业环境中，惩罚意味着处分，包括解雇，而谴责意味着口头训斥或警告。这也表明在谴责和惩罚之间存在一个递进的过程。

　　实质上，有两种错误的授权方式。

　　"硬性"错误发生在一个人既没有方法和/或能力达到标准，但却因低于标准的表现而被要求负责（受到谴责/惩罚）。"硬性"错误的发生是因为方法和能力问题，被视为责任感问题。

　　"软性"错误与"硬性"错误相反。当责任问题被视为方法或能力问题时，就会发生"软性"错误。例如，当一个人的表现低于标准是由于粗心大意或恶意，因此应该问其责。"软性"错误是让他接受再培训或给予他更多的方法。

　　在这两种错误中，"软性"错误对组织的危害更大，因为它会滋生恶意。"软性"错误的问题在于，最终没有人被追究责任。

　　在大多数组织中，最常见的是"软性"错误，而不是"硬性"错误。如果"硬性"错误真的发生了，那也是发生在组织的底层，而不是高层。领导力在此失败的原因不是因为缺乏慷慨，而是缺乏勇气。

　　更具体地说，在组织中未能适当追究责任的情况表现在以下几个方面。

▶ 容忍粗心大意和故意的恶意行为。即使在存在严重违规行为的情况下（如在工作时间睡觉），也不采取惩罚措施，而"在职退休"的情况也能被接受。如果实施处罚，通常也过于宽松。惩罚主要针对违规行为，而不是表现不佳。

▶ 在采取处罚之前，存在一种不愿意从谴责转向惩罚的犹豫态度，对于同一个问题反复进行口头训斥。就像孩子们意识到妈妈并不真的要求他们把脏衣服捡起来放进洗衣篮一样，员工们也意识到管理层并不认真对待他们所制定的标准。

▶ 无论奖励高低，人们都觉得自己的贡献没有得到赏识。用一位矿井监督员的话来说，"在这里，感谢是非常奢侈的"。重点是找出问题所在，而不是刻意去发现人们做对的事情并给予肯定。这样一来，人们就会误认为对员工进行问责只是为了惩罚，而不是奖励。如果我们假设大多数组织都是有效的，那么就意味着做对的事情要比做错的事情多。因此，应该给予更多的认可和奖励，而不是其他任何东西。

▶ 人与人之间是相互比较，而不是用一个标准来比较的。竞争性奖励方案既会引发不健康的内部竞争，也会严重打击甚至挫伤失败者的积极性。

随着时间的推移，这些领导力方式的总体效果就是平庸的表现。

为了与问责制的第四个原则保持一致，组织中对待员工的结果（奖励/惩罚）必须与他们所做贡献背后的意图相匹配。

粗心大意的人必须受到警告，而蓄意或恶意的人必须受到惩罚。同样，用心的善良/额外努力的人必须得到奖励，而那些对自己的工作认真对待的人应该得到认可。

综上所述，当绩效管理系统与合情合理的领导力的问责原则相一致时，适用于以下情况。

将一个组织的绩效管理流程与问责制的所有四项原则完全统一起来，显然不是一件小事，不应低估。一致性不是一蹴而就的，需要时间来实现。

与问责原则保持一致

- ⊘ 问责，是对所做贡献或为他人带来的独特价值负责。
- ⊘ 每个人都要对自己的行为/手中的工作负责。
- ⊘ 个人的责任是需要定期明确和形成共识的。
- ⊘ 奖惩，要与驱动个人贡献的意图相匹配。

一个一致的绩效管理流程要素

许多组织已经接受了绩效管理流程与授权框架相结合的挑战，通常所说的"90天问责流程"有不同的标签——"可交付成果流程""问责审查周期""贡献合约"等。

每个组织都理所当然地拥有适合自身环境和文化的形式与方法。通过培养问责制，在工作环境中释放慷慨和勇气的精神，包括四个要素或步骤。

显然，每个要素都不是孤立地存在的，而是在一个持续的问责循环中发生的。要素❶和要素❸发生在管理者和直接汇报人之间的一对一讨论中；而要素❷和要素❹则发生在这些常规的日常对话之外。

绩效管理系统的要素

❶ 在要达成结果的背景下，澄清贡献的内容。

❷ 通过"观赛比赛"评估贡献。

❸ 定期回顾贡献，以便促成未来更大的贡献。

❹ 惩罚和奖励，应与适当问责相一致。

问责制的循环

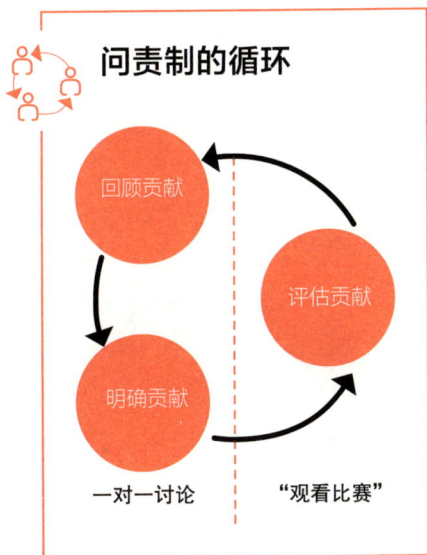

回顾贡献

评估贡献

明确贡献

一对一讨论　　　"观看比赛"

大多数绩效管理过程都强调要素❶和要素❸。虽然一对一的讨论对这个过程至关重要，但它们并不是重点所在。绩效管理流程的重点应该放在行动部分（评估贡献，并让员工承担责任），而不是反思部分（回顾上一个报告周期的贡献，并明确下一个报告周期的贡献）。

这四个要素的关键成功因素以及每个要素在促成问责制过程中的作用概述如下。

❶ 要素一：
在要达成结果的背景下，澄清贡献的内容

成功关键要素一：澄清贡献。它包括以下几点。

> **关键成功标准：在要达成结果的背景下，澄清贡献的内容**
>
> ⊘ 对责任（结果）和问责（贡献）均需澄清；
>
> ⊘ 澄清需要持续——对结果（每年）和问责（每90天）；
>
> ⊘ 澄清责任，应先于明确问责；
>
> ⊘ 问责需要符合以下标准：可见、独特、具体、适当、可管理，但有延展性、时限性、前瞻性；
>
> ⊘ 领导者的贡献，包括对直接汇报人所必需的关心、方法、能力和问责。

▶ 责任（结果）和问责（贡献）都需要明确。有一个误解，即90天问责过程与结果是无关的。相反，贡献和结果之间的复杂关系决定了两者都需要明确和澄清，并且彼此之间的关系还需要被理解。

所谓责任，是指对成果的界定，并确定工作组／职能部门／团队需实现的关键成果。所谓贡献，是指界定组织中每个角色的独特增值贡献，以及每个角色的个体在报告周期内的关键可交付的成果（详见第二部分"澄清贡献"）。

▶ 在定义问责之前，必须先澄清责任，因为贡献是在一系列成果的背景下发生的。如果没有明确的一系列成果，贡献就会在真空中进行——人们可能会做任何事情。

▶ 澄清责任制和问责制必须是一个持续的过程，尽管修订它们的频率应该有所不同。每当架构发生变化时，责任就会重新分配，而要实现的成果则每年确定一次。贡献则是更动态的，应该更频繁地进行澄清，在理想情况下每90天进行一次。

▶ 达成一致的问责需要满足若干标准。它们一定必须具有价值创造和独特性。除此之外，它们还应与组织中的角色或级别相适应，具有前瞻性，易于管理，但又能让人竭尽全力。最后，问责必须具体、明确、简洁，因为，不可能让一个人对全局负责。

▶ 对于那些领导者来说，其问责的具体内容包括对直接汇报人必需的关心、提供方法、赋予能力以及问责。

当绩效管理流程的第一个要素（澄清贡献）做得好时，对员工和领导者来说都是有益的。

对员工来说，摆脱对成果的苛求，真正去做自己应该做的事情，才是真正的解放。贡献的清晰度通常也会对绩效产生积极影响。正如马库斯·白金汉姆（Marcus Buckingham）在其著作《最后，告诉你三条一定之规》（*The One Thing You Need to Know*）中说过："我从未见过一个困惑却高效的员工。"

澄清贡献，会使：

员工	领导者
贡献清晰	有衡量标准，用于问责的依据
集中注意力/清除混乱	
停止"管闲事综合征"	
从被动转向主动	给出领导者在给予以及领导力方面的问责边界
授权/关注我所能控制的	

勇气，是大多数组织中罕见的品质，也是可以培养出来的。提前明确下一个报告期的独特价值创造，让员工从被动转变为积极主动，迫使他们有意识地选择关注的重点，停止被澳大利亚人称为"管闲事综合征"的现象。有了清晰而具有挑战性的问责清单，员工就不会花太多时间去"张望邻居的院子"，他需要在自己的后院继续做该做的事情！

最重要的是，员工会成长，是因为他们所负责的工作每90天就要接受一次审查，而推动发展的正是问责制，而不是培训计划。虽然培训可以提高能力，从而提高做出贡献的能力，但只有当人们对变化负责时，他们才会真正成长。

领导者的能力也因此得到提升，还因为他们终于有了一个合适的衡量标准，可以据此对员工进行问责。既然问责制是由下而上定义的，因此，他们就能清楚地知道自己应该给予什么。现在，从最积极的意义上说，任何人都无处藏身。

要素二：
通过"观看比赛"澄清贡献

成果是可以衡量的、量化的、用数字表达的。贡献通常是不可衡量的，但这并不意味着不能评估其是否低于 / 符合 / 高于标准。此外，成果可以远距离监测和交流，而贡献的评估需要第一手的观察。

以足球为例，球迷可以从媒体上获取比分，但要让他知道到底是什么导致了这个结果，他就必须亲自观看比赛。球队输球是因为守门员有"黄油手"，还是因为前锋状态不佳？只有当他亲临现场时，他才会知道答案，或者，退而求其次，如果他询问一个在场并且他信任的观察者，他才能知道答案。

成功关键要素二：评估贡献。它包括以下几点。

关键成功标准：澄清贡献——"观看比赛"

- 贡献，只能通过第一手观察来评估；
- 观看"比赛"要有正确的意图；
- 遵守"观赛"规则。

▶ 领导者需要投入必要的时间来评估每位直接汇报人的贡献，如果不这样做，就无法帮助到他们。教练想要有价值贡献，就必须去比赛现场观看比赛，看球员们的表现，通过这样做，他可以帮助球员认清自己所打比赛的性质，以及其对比赛结果的影响。同样，管理者也只有在掌握了每个直接汇报人的工作表现是否符合标准以及其对结果的影响的第一手经验后，才能实现价值创造。这不是偶然发生的事情，"观看比赛"需要刻意关注过程，而不是结果，对于大多数管理者来说，这种感觉完全违背直觉。因此，只有在那些担任领导职务的人有洞察力时，他们才会意识到：在他们对人们毫无用处时，他们才最有用！只有当管理者有意识地花时间"观看比赛"，然后按照计划认真执行时，这种情况才会发生。

▶ "观看比赛"需要有正确的意图。换句话说，管理者花时间在直接汇报人身上的原因应该是善意的。事实上，"观看比赛"和审计/检查实际上在意图上存在关键差异。当管理者进行后一种（检查）时，他主要关注的是发现和消除不符合要求的地方，他关心的是结果。当领导者"观看比赛"时，他的意图是了解他所负责领域的人的问题所在，以及自己能做些什么来帮助他们。"观看比赛"是为了让领导者确定，对于他正在"观看比赛"的特定个人，领导者需要做出怎样的"给予"。

评估贡献，会使：

员工	领导者
与管理者无私相处	眼见为实
反馈：哪些做得对，哪些需要改变	了解如何帮助员工成长

观看比赛时，观看者需要遵守观看比赛的规则。首先，管理者是在"观看比赛"，而不是下场亲自"打比赛"。在"观看比赛"时，管理者的注意力应该集中在"参加比赛"的"比赛者"身上，而不是"比赛结果"。要让"比赛者"知道，他的"比赛"正在被观看。换句话说，"观看比赛"不应该是一种秘密活动。最后，需要在观察后尽快给出反馈。试想一下，如同教练等到赛季结束后才对球队前几场比赛给出反馈一样，同理，在年终考核时，管理者才向直接汇报人提供很久以前的信息，而对于这些信息，直接汇报人当时并不知道，这可能会让他大吃一惊。

当绩效管理体系的第二个要素（评估贡献）做得好时，它能在多方面赋能员工和领导者。领导者不断加深对如何帮助直接汇报人成长的理解，他们真正意识到了方法、能力和责任问题，这些问题要么促进了员工的贡献，要么限制了员工的贡献。事实上，"观看比赛"是否成功的试金石是领导是否掌握了这种理解。

除此之外，员工还能与管理者共度高质量的时间，这段时间是无私的，因为以正确的意图"观看比赛"要求管理者真正搁置自己的事情，以支持员工的事情。员工还能得到诚恳的、切中要害的反馈，了解他们做得好的地方，以及需要做出哪些改变以取得进步。重要的是，这是一种切实可行的反馈，因为它是具体的、可操作的、基于第一手观察到的。

3 要素三：
定期回顾贡献，以便促成未来更大的贡献

正式的回顾讨论频率会有所不同，但至少应该与每年 90 天的问责周期保持一致，即每年三次。回顾的目的是让管理者与其直接汇报人进行高质量的讨论，促使他们在下一个报告期中能够做出更多的贡献、有更快的成长和承担更多的责任，而非与他沟通他的奖金是多少。

成功关键要素三：回顾贡献。它包括以下几点。

🏆 关键成功标准：回顾贡献

- ⊘ 不是绩效评估谈判；
- ⊘ 着眼于未来，而不是过去；
- ⊘ 准备充分；
- ⊘ 包括对下一个报告周期的问责说明。

▶ 讨论不应该是绩效评级分数的谈判，当分数成为讨论的那一刻，讨论的善意就被破坏了。然而，不打分并不意味着不应该在评审中被问责（谴责 / 惩罚 / 表扬 / 奖励）。问责应该是一项持续的活动，而不是在年终才进行。如果对员工的问责是持续性的，那么用 AEL 矿业服务公司集团人力资源经理的话来说，年底的评级讨论"实际上与任何其他讨论没有什么不同，它是根据本年度之前的讨论自然形成的"。

▶ 为讨论做好充分准备。在谈话之前，应更新计分卡（确定报告期内取得的成果），并通过"观看比赛"来评估贡献（高于 / 低于每项可交付成果的标准）。如果不这样，回顾会议就会变成一个汇报已经完成的工作的会议，满

足了管理者对信息／控制的需求，而不是对直接汇报人的关心和成长的需求。

▶ 回顾会应该聚焦于未来，而不是过去。在前一个报告周期中发生的事情（取得的成果／做出的贡献）仅从诊断的角度有用。80% 的会议应该专注讨论在 "为什么"（方法、能力、问责问题）上，这些问题的背后就回答了 "什么"（结果／贡献）的问题。讨论将提供一系列双方未来可采取的行动，这些行动将解决缺乏方法的问题，增强能力和／或培养直接汇报人的责任感。

▶ 回顾会还必须包括修订问责制／明确下一个报告周期的贡献。每 90 天对问责进行一次修订，以确保灵活性，因为人们不会被锁定在一套可能完成得很好，但不一定对结果有积极贡献的行动中。更重要的是，除非修改问责，否则问责就会一成不变，员工也不会成长。

与前两个要素一样，第三个要素（回顾贡献）在培养责任感、释放人们的慷慨和勇气的过程中起着推动的作用。

当回顾讨论做得很好时，对员工来说，结果是一套明确的行动，从而在下一个周期中做出更大的贡献。

问责制回顾格式：

问责制	评估达标(＝)标准以上(＋)或标准以下(－)	为什么？方法	为什么？能力	为什么？问责	行动	谁／何时
1	以上			奖励	特殊奖励	管理者
2	达标			表扬		管理者
3	以下			谴责		管理者
4	以下	缺乏权力		无	给予权力	管理者
5	以下		影响力很弱	无	教练式辅导/发展技能	直接汇报人
6	以下			谴责		管理者

对管理者而言，关注"为什么"，就能确保在对员工进行问责时避免"硬性"和"软性"的错误。如上文的问责回顾格式所示，只有在问责的前提条件得到满足之后，才会给予处罚／奖励；反之，无论是积极问责（表扬／奖励）还是消极问责（谴责／惩罚），都要付诸行动。

问责不一定要等到年终评定／加薪／发奖金的时候，而是要贯穿全年，回顾讨论可以实现这一点。

对于管理者而言，谈话结束时修订问责制，也能确保直接汇报人的成长。也就是说，要循序渐进，与直接汇报人的成长相适应。

④ 要素四：
惩罚和奖励，应与适当问责相一致

当绩效管理体系的第四个要素（惩罚和奖励）成功实施时，员工就会一致认为，蓄意和恶意行为会受到惩罚，粗心大意会受到谴责，达到标准的绩效表现得到认可，杰出的贡献会得到奖励。

成功关键要素四：惩罚和奖励。它包括以下几点。

> **🏆 关键成功标准：惩罚和奖励**
>
> ⊘ 管理者有方法、有能力对其员工问责；
> ⊘ 对管理者来说，对员工适当的问责是有后果的。

▶ 直线经理给予下属适当的问责方法。例如，他们有权惩罚自己的直接汇报人。与此同时，他们还可以奖励那些始终如一、实实在在地付出额外努力的人，奖励额度要远远高于那些按约定标准完成任务的人。

▶ 管理者有足够的技能和知识来问责他们的员工。他们既了解惩罚程序，也

清楚表彰 / 奖励制度，并有能力加以运用。他们在这方面接受过培训和指导。

▶ 管理者有意愿对其团队问责。他们展现了必要的慷慨和勇气来做到这一点。那些对其团队问责的管理者，会有积极的后果；而那些未能对其团队问责的管理者，尽管他们有方法和能力，却因其懦弱或自私而受到制裁。

当绩效管理体系的第四个要素（惩罚和奖励）做得很好时，员工的贡献意愿就会被激发出来，从而实现人尽其才，由于员工的积极性被调动起来了，他们就会全力以赴，成为真正的强者。

团队合作也得到了加强，因为消除了因容忍过失者而产生的怨恨。由于这些机制不再被用作应对表现不佳的替代方案，无休止的重组和裁员就大大减少了。最终，那些担任领导角色的人得到了信任并备受尊重。

显然，有效实施与授权框架一致的绩效管理流程，要求上述系统中的每个要素的成功标准都得到满足。

实施与授权框架一致的绩效管理流程

从四个要素中的每一个细节来看，经验表明，与授权框架一致的绩效管理流程的成功实施仍然围绕着以下两个关键问题。

▶ 正确理解流程背后的意图或"为什么"。
▶ 关注系统在组织中"如何"实施。

意图问题——"为什么"

当人们向一位优秀的领导者汇报工作时，他们就会出类拔萃；他们在这样的领导手下的工作效率比在其他人手下的工作效率更高。

合情合理的领导力模型认为，卓越的领导力首先是指领导者将其员工的最佳利益放在自己的心中，这是意图的问题，这更多地反映了领导者个人的成熟度，而不是人力资源政策的问题。没有任何人事系统能够替代领导者的这种意图。

正因为优秀的领导者关心自己的员工，他们才会全身心地投入让员工发挥最大潜能的挑战中。在这种情况下，绩效管理流程就成为领导者手中一个有用的工具，这个工具可以将员工的才能转化为卓越的绩效。绩效管理流程实际上成为成就的工具与方法。

因此，只有当组织实施绩效管理的"为什么"是善意的时候，组织才能成功地实施与合情合理的领导力标准相一致的绩效管理流程。也就是说，组织实施绩效管理流程的主要目的，是让领导者在关心和成就员工的角色中得到成长。

评估绩效管理流程是否"有效"的标准，是组织中的员工是否得到了成长，是否促使了卓越的贡献？组织内是不是越来越多的人是**给予者**而不是**索取者**？

因此，高层领导者需要在重新设计企业绩效管理流程的初期花时间明确和确认他们的目的。如果在执行过程中出现与该目的偏离的情况，领导层就需要迅速、果断地采取行动去解决。

以下是我们经历过的两个例子，恶意意图破坏了流程的执行。

第一个例子，管理者利用这一流程对人员进行微观管理和控制。过于具体和详细的责任就像高高在上的石碑一样摆在直接汇报人面前，管理者把大部分时间都花在控制和检查石碑上的内容是否已经完成。

第二个例子，整个组织缺乏成熟度。员工们努力工作，与他们的直接主管达成问责协议，他们不可能不完成这些责任，因为这些责任的要求很低，所以他们的动机很明显——在容易完成的任务上获得高分，从而保证自己得到一笔丰厚的年终奖。

在这两种情况下，流程不可避免地都失败了。

实施过程——"如何"

前面说过，实施与所有四项问责原则相一致的绩效管理流程并非易事，因为所需的变革是巨大的，系统中隐含的四项转变中的每一项本身都意义重大。

▶ 关注成果→关注贡献。

▶ 对自己的行为不负责 / 有限的责任→对自己手中的事情绝对负责。

▶ 通过人完成工作→通过工作成就人。

▶ 犯"软性" / "硬性"的错误→让人适度地接受问责。

因此，每次转变都需要充分认识到在转变过程中需要解决的变革管理问题。实际上，重新设计组织的绩效管理流程是一种战略变革，需要进行相应的管理。

更具体地说，成功的实施需要以下步骤。

▶ 所有四个要素都应逐步落实。只做过程中的反思部分（明确贡献和回顾贡献）而不做行动部分（"观看比赛"和问责），或者相反，都不是最佳做法。在实践中，只做反思部分会变成一对一讨论，而这种讨论被认为是枯燥乏味、毫无意义的。难怪在许多组织中，即使有人命令讨论，真正的讨论也不再进行。另外，如只注重行动，久而久之就会形成一种"大棒加胡萝卜"的文化。

▶ 这四个要素必须按正确的顺序进行。一家零售银行首先对其奖励制度进行了重大改革。每个人的奖励都是以结果为依据，而年度增薪决定则立即改为以贡献为依据，从 40% ～ 80% 不等。百分比背后的原理是合理的；在科层架构中职位越高，离成果越远，贡献百分比就越高。然而，总体效果是将该银行陷入混乱。年度薪酬增长时间即将来临，但贡献还未明确。人力资源经理不知所措，不知道如何向员工代表解释这件事。

▶ 实施过程需要缓慢且循序渐进。庄信万丰催化剂公司（Johnson Matthey Catalysts）将生产部门作为新流程的试点。只有在取得成功后，才将该系统推广到企业的其他部门。业务解决方案集团（非洲）[Business Solutions

Group（Africa）] 是一家拥有约 160 名员工的小型 IT 解决方案企业，它花了四个月的时间来明确公司中每个角色的增值贡献。该公司发现，让员工明确贡献与成果的关系并非易事，因此，只有在明确了贡献与成果的关系后，才会在实施过程中采取下一步行动。另一家公司在实施 90 天问责流程的同时，还实施了传统的年度目标设定和半年回顾制度，18 个月后，当员工而不是管理层表示更喜欢 90 天问责流程时，该公司才最终取消了传统的系统。

▶ 最后，一家组织等了近三年才对企业员工为其贡献的问责方案做出如下改变：根据市场力量和企业的承受能力，每年对每位员工的工资进行调整，但那些因恶意原因而没有做出应有贡献的人除外，后者的工资不作调整。此外，本年度还特意发放了两次一次性奖金，但仅限于那些被视为模范的贡献者。

每家公司的"如何"或实施过程都会有所不同，也应该有所不同。然而，要想取得成功，就必须实施与合情合理的领导力相一致的绩效管理体系，其中应包括所有的四个要素，并应按照正确的顺序一步一步地实施，而且应循序渐进。在这种情况下，组织中释放出的慷慨和勇气会是惊人的。

第十二章

处理异常情况

异常，既可以与具体事件有关，也可以与结果有关。无论是负面事件（伤残、客户投诉、长时间的故障），还是正面事件（项目交付费用大大低于预算、卓越的产品发布、在创纪录的时间内完成停产）都属于异常情况。同样，作为"记分牌"上得分的结果（利润、销售收入、拣货错误率、客户服务指数）在与常态相比异常好或异常差时，也可以被定义为异常。

妥善处理异常意味着可将其视为有益的、学习和提升企业领导力水准的黄金机会。这是因为，每当组织中出现异常情况时，异常情况所创造的机会使一个或多个管理者能够更清晰地了解他们应该如何与自己的直接汇报人一起处理。

随着对更多异常情况的分析，业务中真正的指挥问题就逐渐显现出来。理解这些指挥问题，即所有异常背后的真正原因，进而奠定了提升各级指挥的领导能力水平的战略基础。

结果是一种症状而不是原因

合情合理的领导力对异常情况的看法有一个基本前提，即异常情况本身，也就是异常事件或结果，是一种症状，而不是原因。实际上，在任何异常情况背后，存在两种类型的原因。

第一种类型是外部因素或人们无法控制的因素。例如，闪电击中电力分站，导致城市的某些地区连续几天停电。根据定义，对于真正的外部因素无法采取任何措施。它们的法律术语是"不可抗力"。

第二种类型是可以采取措施加以解决的原因。这些原因与过去的贡献、所做或未做的事情、所给予或未给予的东西有关，是造成结果的原因。然而，过去的贡献本身是由贡献背后的方法、能力和问责因素决定的。换句话说，人们的行为是由

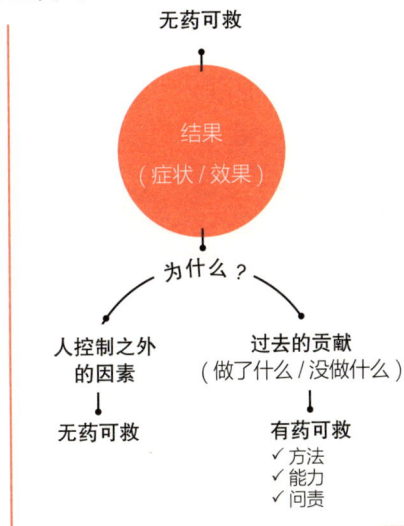

环境条件、他们所掌握的技能和知识以及他们当时的意愿，或缺乏这些技能和知识共同决定的。妥善处理异常意味着要解决的不是结果本身，甚至不是导致结果的人类行为，而是决定人类行为的方法、能力和问责问题。

在巴基斯坦，这句话被表达得淋漓尽致："当树上的叶子变黄时，不要把它们涂成绿色，而要给树根浇水。"

这句话的意思是，任何在结果层面上采取的补救措施，其效果充其量只是暂时的。这是因为，如果不从源头上解决问题，问题就会再次出现：要么是完全相同的事件再次发生，要么是问题再次出现，但表现形式略有不同。

诊断和补救方法、能力和问责问题

因此，要妥善处理异常情况，首先需要有能力找出并正确识别异常情况背后的方法、能力和问责问题。需要采取何种补救措施，取决于方法问题、能力问题还是问责问题。换言之，必须对症下药。

方法问题，是指一个人所处的环境中能够让他给予的那些东西。它们包括工具、资源、权力、时间、赋能系统、流程、期望、信息，以及数据的明确性。通过提供方法，解决缺乏方法的问题；通过采取一切必要措施，消除阻碍发挥作用的那些环境因素。

诊断	补救
1. 方法问题；	提供方法；
2. 能力问题；	培训/教练式辅导/设计/重新部署；
3. 问责制问题	表扬/奖励/谴责/惩罚

能力问题则与个人有关，与他是否能或者不能给予有关，与能力、技能、知识、理解和胜任力有关。"知道窍门"和"知道缘由"都会影响**能力**。与方法问题不同，能力问题最好的解决方法是通过培训或教练式辅导、重新设计工作，或正确地将人们安排到与其能力相匹配的职位上。

最后是问责。**问责**问题与意愿有关。也就是说，一个人是否愿意给予、愿意承担责任、愿意做出所需的贡献。问责问题是通过积极（通过表扬和奖励）和消极（通过谴责和处罚）的问责方式让人们承担责任来解决的。

从经验来看，处于领导岗位的人并不总是能轻易定义他们实际面对的是什么，因此也就难以确定适当的领导力行动应该是什么。

在合情合理的领导力工作坊上，参与者需要完成一项练习，要求他们使用下页表来诊断一些绩效问题。

绩效问题	诊断
1.　我没有被告知日程变动了；	方法；
2.　我总是忘记告诉经理多订一些货，现在已经卖完了；	问责；
3.　这个月的销售数字下降了 10%；	结果 / 症状；
4.　我不知道如何保证高质量的产品或服务；	能力；
5.　我认为给我们定的新目标是完全不现实的；	贡献 / 行动；
6.　因为我没有被升职，我很生气，现在我也不感兴趣了；	问责；
7.　我没有按照手册上的程序操作；	贡献 / 行动；
8.　我太忙了，没时间培训新成员；	方法；
9.　当我必须独自处理顾客的投诉时，我感到力不从心；	能力；
10.　上个月质量提高了 30%	结果

在通常情况下，这个练习会强调两点。

首先，有一种过早下结论的倾向。例如，参与者将第 3、5、7 和 10 项归类为方法、能力或问责问题，而实际上并非如此，它们是结果或行动，无论是行为上的还是认知上的。因此，为了做出正确的诊断，仍然需要确定其背后的"为什么"。其次，人们倾向于做出不一定有效的假设，第 7 项是这方面的典型例子。参与者通常认为这是一个问责问题。他们假设这个人在走捷径，在做他想做的事，而不是流程要求他做的事。

未能遵循流程确实可能是一个问责问题。然而，这也可能是一个方法问题（操作说明已经过时，没有反映最佳实践）或能力问题（这个人没有接受过怎样做正确的事情，以及为什么要这样做的培训）。

正确的诊断只能在实地进行。也就是说，通过"观看比赛"，亲眼观察实际发生的事情并提出一些问题，从而了解真正的问题所在。

我参与了一项练习，是在 72 小时内"观看"AEL 采矿服务安全保险丝厂操作员的"比赛"。我们的任务是观察任何偏离关键操作标准的情况，然后找出原因。70% 的原因是方法问题，20% 是能力问题，10% 是问责问题。

在我此后参与的所有诊断活动中，方法问题一直是最常见的，其次是能力问题，最后是问责问题，这对我来说是合理的。大多数人都希望把工作做好，领导者的任务就是使他们能把工作做好。

对员工适当地问责

根据方法、能力和问责问题采取行动，而不是针对已实施的行动或结果采取行动，这对企业中员工的个人问责具有深远的影响。以下销售环境中的两个异常情况说明了这一点。

1 【**异常情况一**（具体事件）】一名技术销售代表（Technical Sales Representative，TSR），35 岁左右，熟悉行业知识，在某公司工作了 9 个月。在他第一次单独进行区域巡查时，他向一位客户承诺提供催化剂更换服务，尽管当时的催化剂只使用了其预期寿命的 80%。具体地说，他承诺在一个月内交货，价格为标价的 45%。该客户声称，他的装置之所以出现问题，主要是因为供应商的催化剂性能不佳。TSR 决定的结果导致该公司不仅损失了可观的收入，还开创了在到期日之前更换催化剂的不安全先例。

TSR 采取的行动显然是错误的。他应该坚持进行独立调查，以确定客户工厂业绩不佳的根本原因。此外，他向客户做出的承诺也违反了该公司的政策，该政策规定，任何超过标价 15% 的折扣都必须提交正式审查。

然而，这起异常事件的关键问题是，TSR 为何做了自己想做的事情。在这种情况下，TSR 的经理——区域销售经理（Reginal Sales Manager，RSM）应该给TSR 什么样的建议，这取决于对下面所示的方法、能力和问责问题的回答。

方法	TSR 可以查阅销售条件吗？他是否可以向 RMS 寻求意见？折扣标准是否明确？他是否知道自己的权力范围有哪些限制？
能力	TSR 是缺乏反驳客户主张的技术知识吗？他缺乏自信吗？他是否明白自己行为的后果？
问责	他的动机是为客户服务吗？他想完成季度销售目标的愿望是否影响了他的行为？

换句话说，这种异常的真正价值在于，它使 RSM 有机会了解他应该对他的直

接下属做些什么。让他明白，在这种情况下，作为领导者应该采取怎样的行动。

> **2** 【**异常情况二（结果）**】一名 TSR 已工作四年，是一个称职、认真的人。他在客户组织中建立了多种联系方式，随时了解客户的运营情况，并鼓励当地代理商保持定期联系。因此，他不仅维护住了一个具有重要战略意义的客户，还赢得了新业务。然而，在其他潜在业务领域，因客户停工而导致了业务延期。认识到这一点后，TSR 给很多客户打了电话，试图弥补预算目标的缺口。尽管如此，他还是远远达不到销售目标。

在这种情况下，TSR 和他的经理，即 RSM 都很容易将销售不佳的业绩归咎于他们无法控制的因素。事实上，这种异常情况为 RSM 提供了做两件事的机会。

首先，让他审视一下 TSR 的销售目标，并在可能的情况下对下一报告期的目标进行修订。其次，协助 TSR 分析其销售流程，确定 TSR 可以做出哪些改变，以便在未来取得更好的结果。也许 RSM 可以增加向 TSR 提供的销售线索数量，也许 TSR 需要与潜在客户保持更密切的联系，这样 TSR 就能更早地对客户的业务活动做出反应等等。

确定异常情况背后的指挥问题

很多时候，当异常情况发生时，有一种倾向是将调查和随后采取的行动限制在直接引起异常情况的人身上，这是不合适的，因为，只要对结果有直接影响的人的方法、能力或问责这三个因素出现问题时，其上一级的指挥问题也需要解决。确保一个人有方法、有能力或可以被问责去做需要他做的事，是那些处于领导地位的人的工作。因此，"适当"意味着不仅要确定造成异常情况的"为什么"，而且要分析与异常情况有关的指挥问题。一个大型化学制造商发生的两起异常事件，一起是安全事故，另一起是质量事故，就是这样的例子。

> 【安全事故】一名操作员在挤压机跳闸后试图重新启动挤压机时被三度烧伤，直接原因是事发时他没有按规定穿 PVC 雨衣。另外两人也对事故造成了影响：操作员的同事知道操作员没有遵守安全规定，但没有纠正他；当班经理违反公司规定，在当班期间离开了工厂，延误了受伤操作员的就医时间。

管理层对这一事件的反应是，追究相关人员的蓄意与恶意责任，并采取更多措施防止问题再次发生。操作员、他的同事和值班经理都因故意做错了事而受到了惩罚（问责行动）。衣物柜被移到离挤压机更近的地方，个人防护装备（Personal Protective Equipment，PPE）的穿着标准更加严格，并建立了一个系统，以确保 PPE 不被带出工厂（方法行动）。

事实上，这起安全事故最有启发意义的地方在于，它凸显了上级领导的指挥问题。

首先，异常情况揭示了所有四个班次的班组长通常对他们的班次发生的事情了解不足。因此，需要制定一个明确的标准，规定班组长应该有多少时间在工厂而不是在控制室。因此，四个班组经理的工艺经理需要对确保所有班组长遵守新的行为标准负责。其次，异常情况表明需要高级管理层审查现场预防"危险操作"系统的有效性。尽管在过去的 15 年里对工厂进行了多次危险研究，但从未建议重新设计系统，以消除首要存在的危险情况。

> 【质量事故】操作员没有对反应器温度的变化采取应该采取的纠正措施，例如下降速率、降低压力或停止催化剂的供给。在 13:10 时，他有足够的理由采取一项实施 1 类停工（停止运行），但直到一小时后，他才在生产工程师的直接指导下执行了此操作。他没有在应该采取行动的时候采取行动，给公司造成的直接损失高达数百万美元，其中还不包括公司在客户中声誉的损失。

由于操作员在这一事件中的严重疏忽，主任非常正确地建议将其停职停薪两周，而不是开除。然而，比对操作员采取的具体行动更重要的是，这次异常情况为审查管理层给控制室操作员提供的方法和能力是否充分创造了机会。

在对异常情况背后的领导力问题进行探讨时，得出了以下结论。工厂雇用的人数（方法问题）足以确保安全运营、生产质量和人员培训／教练式辅导。培训过程非常彻底，分配任务的程序也足够严格，以保证操作人员在不完全胜任（能力问题）的情况下不会通过。然而，能力培养过程在很大限度上依赖于教练，这些教练在技术上非常合格，但缺乏将其技术与经验充分传授给他人的技能。这一异常情况突显了关键的领导力行为，即需要培养在这过程中具有技术专门知识的人的教练式辅导技能，以便他们能够有效地使其他人独立管理工厂，不依赖于他们自己。

领导力诊断方法论

合情合理的领导力已经发展出一种处理组织中异常情况的方法论，被称为"**领导力诊断**"。作为一种工具，领导力诊断的目的，是在组织的各个层面，找出与正在核查的异常情况有关的指挥问题。

领导力诊断分为两部分：第一部分是确定谁做了什么导致异常结果的具体原因；第二部分涉及分析每个确定的根本原因背后的指挥问题。通常情况下，造成一个异常情况的原因有很多。

以下是针对航空公司机械加工车间检查积压问题的领导力诊断。总体而言，检查小组无法足够快地处理工作，跟不上当前的需求，更不用说减少积压了。调查发现，造成这一异常情况的原因有四个。

领导力诊断：机械加工检查滞后

1

第一部分：

谁做的什么导致了异常？根本原因是什么？

1. 检查员未能减少积压量

检查员工作量不足的原因主要是方法问题。目前的检查员知识渊博、经验丰富。尽管因为积压问题使他们士气低落，在他们感到管理层没有给予他们解决问题所需的支持的情况下，他们仍在努力做到最好。

诊断中确定的主要原因如下。

- **衡量**——既没有为小组／个人检查员计划每日产出，也没有对他们的成就进行有计划的评估，更没有可视化的具体措施来跟踪明确目标的进展情况。

- **规划优先级**——基于"待办清单"和"紧急任务单"的计划系统不起作用，项目经理插队，计划部门没有预先警告。

- **文档**——由于文档缺失且有时不完整，目前检查员需要自行查找文档。在规划方面存在授权延迟的情况。

- **缺乏标准**——不同类别的检查任务没有标准时间，工程图纸上规定的时间被忽略。

- **缺少设备**——设备校准存在延迟的情况，测量设备短缺。

- **机器**——机器的位置不是最优的。

2. 工作设计

检验部门收到了本应该由生产部门淘汰的零部件。

生产部门没有进行自检。目前的要求是 100% 检验——不进行抽样检查，也不仅关注关键尺寸。

检查员被困扰于本可以由经验较少的人员完成的"简单"检查任务。

3. 未任命检查员／人员不足

需要紧急填补的检查员职位的估计数量从 1 到 3 不等。有两人被解雇，一人辞职，一人调任为组长。在一个有确切数据支持工作负荷正在增加的背景下，这种情况变得更为紧迫。虽然临时检查员已经就位（从生产部借调而来），但还没有任命正式检查员或临时检查员（短期合同）。团队中只有一人具有编程专业知识，从中期规划的角度来看，现任检查员们的年龄分布敲响了警钟。

4．未能制定、计划和实施替代检查策略

至少有两种可能的替代检查策略：分权化——把检查员带到工作现场去，而不是把工作带到检查员那里；自检——将全部或大部分检查工作移交给生产部门。

具体原因1：

检查员未能减少积压量

谁？	为什么？	具体的
检查员		需要给予的方法、能力或问责
级别	是这个人干的吗？如果是，他应该得到认可或奖励；如果不是他干的，这是方法还是能力问题？如果不是方法或能力问题，他应该受到谴责或处罚	由于在衡量标准、工作计划、文件、标准和设备方面缺乏工具，目前检查员无法做出要求他们做出的贡献。没有采取足够的行动来解决这些问题。提供工具是机组长的工作，他需要履行他的关心和成就他人——这个关键角色

谁？	为什么？	具体的
机组长		需要给予的方法、能力或问责
级别	是这个人干的吗？如果是，他应该得到认可或奖励；如果不是他干的，这是方法还是能力问题？如果不是方法或能力问题，他应该受到谴责或处罚	该机组长已担任代理职务4个月，他很受大家爱戴，但还没有建立起自己的领导地位。目前他既缺乏方法，也缺乏关心和成就这些检查员的领导能力。他需要停止自己做检查工作的行为，需要被正式任命，并被赋予充分的权力。他需要通过领导力培训，以及他的经理的教练式辅导来理解自己的角色

谁？	为什么？	具体的
生产班长		需要给予的方法、能力或问责
级别	是这个人干的吗？如果是，他应该得到认可或奖励；如果不是他干的，这是方法还是能力问题？如果不是方法或能力问题，他应该受到谴责或处罚	这个生产班长担任这个角色已经有9个月了。目前他承担着所有的责任和问责。因为他下面出现了真空，检查只是他工作的六个领域之一。他需要花费更多的时间来解决这个问题。他需要推动检查改进计划。他需要教练式辅导机组长，而不是替他做工作

	谁？	为什么？	具体的
	经理		需要给予的方法、能力或问责
级别	是这个人干的吗？如果是，他应该得到认可或奖励；如果不是他干的，这是方法还是能力问题？如果不是方法或能力问题，他应该受到谴责或处罚		经理在这个角色上也是新手。他对积压的检查进行了排序，并要求对问题提交进度报告。 他需要在生产班长专注于检查时保护他不受其他需求的影响。他需要为机械车间开发和实施新的组织结构，将运营角色与战略改进角色分开，因为目前生产班长正在努力履行这两个角色

具体原因 2：

工作设计

	谁？	为什么？	具体的
	检查员		需要给予的方法、能力或问责
级别	是这个人干的吗？如果是，他应该得到认可或奖励；如果不是他干的，这是方法还是能力问题？如果不是方法或能力问题，他应该受到谴责或处罚		目前检验员接收废料是为了检查哪些本应在生产中报废的，需要查明并制止将废料送去检查的生产区域
	谁？	为什么？	具体的
	机组长		需要给予的方法、能力或问责
级别	是这个人干的吗？如果是，他应该受到认可和奖励，如果不是，这是工具问题还是能力问题？如果这不是工具或能力问题，这个人应该受到谴责或处罚		将废料送检的问题已经上报给机组长，但没有得到解决。 机组长应拒绝接受来自生产部门的废料，他应在这方面争取生产班长的支持，并让其他机组长承担责任
	谁？	为什么？	具体的
	生产班长		需要给予的方法、能力或问责
级别	是这个人干的吗？如果是，他应该受到认可和奖励，如果不是，这是工具问题还是能力问题？如果这不是工具或能力问题，这个人应该受到谴责或处罚		生产班长没有让生产机组长对将废料送去检查的行为负责，检验部门在做本应由生产部门完成的工作，检查员在做"简单"的检验工作。 他应该让生产班长对将废料送去检验负责。他应该指派生产检验员去做"简单"的工作。他应该在生产中引入自我检查，尤其是，因为他在这方面拥有权威

具体原因 3 和 4：

未任命检查员 / 人员不足，未能制定、计划和实施替代检查策略

谁？	为什么？	具体的
机组长		需要给予的方法、能力或责任
级别	是这个人干的吗？如果是，他应该得到认可或奖励；如果不是他干的，这是方法还是能力问题？如果不是方法或能力问题，他应该受到谴责或处罚	在检查中，没有硬性的数据来确定所需的人力资源需求，也不清楚（如果方法问题解决了）是否需要更多的人。 机组长需要确定他的团队的招聘需求。他是做这件事的最佳人选

谁？	为什么？	具体的
生产班长		需要给予的方法、能力或责任
级别	是这个人干的吗？如果是，他应该得到认可或奖励；如果不是他干的，这是方法还是能力问题？如果不是方法或能力问题，他应该受到谴责或处罚	目前尚不清楚任命的权力在哪个部门，使用生产部门临时检查员的策略还正在进行中。团队中仅有一个有编程经验的人是一个关键的弱点。 如果他还没有在车间里任命人员的权力，就应该给他这个权力。他需要根据机组长的建议采取行动，以确保必要的任命得到落实

谁？	为什么？	具体的
经理		需要给予的方法、能力或责任
级别	是这个人干的吗？如果是，他应该得到认可或奖励；如果不是他干的，这是方法还是能力问题？如果不是方法或能力问题，他应该受到谴责或处罚	目前的人才短缺需要延续目前的做法，即集中检查。需要考虑未来的备选战略，并在适当情况下予以实施。从中期来看，目前检查员的年龄结构（60% 在 50 岁以上）也是一个问题。 经理需要协助生产班长制定未来的战略。他需要为他提供实施战略的方法，战略变革需要专门的时间和资源。生产班长不太可能在有效地实施战略变革的同时，还能处理车间的日常管理事务。 机械加工车间可能需要一种不同的结构

2 第二部分：
追踪每个原因背后的指挥问题

"领导力诊断"的第二部分（追踪每个原因背后的指挥问题）非常清楚地显示了对各级领导力所需贡献的要求，去解决积压问题，其效果是将一个重大的业务问题简化为领导者需要对其直接汇报人采取的有限数量的方法、能力或问责行动，具体如下。

- ▶ **级别 1**（机组长）：机组长需要为向他汇报的检查员提供完成工作的方法，而不是自己花80%的时间亲自检查工作。他需要停止从生产部门接收废料，最后，他需要激励生产线上的员工，满足完成工作所需的招聘需求。
- ▶ **级别 2**（生产班长）：生产班长需要正式任命机组长为检查组的组长，并对他进行培训／教练式辅导，使机组长能够发挥关心和成就他人的作用。他需要在生产部门领导向检查部门转交废品时采取行动。他还需要尽可能让生产部门自行检查其工作。
- ▶ **级别 3**（设备经理）：设备经理在集中精力解决积压问题的同时，还需要让他的生产班长远离其他需求。他需要制定和实施新的战略与架构，以便更有效地处理工厂的工作质量问题。

领导力诊断的结果让生产线上的每个人都有机会帮助下级增强能力。4个月内，检查区外的货架几乎空空如也。在没有增加检查员人数和过度加班的情况下，达到了所需的产量。

检查员比以前更快乐，更有动力，主要是因为他们上面的每一级管理人员都对其直接汇报人做了他们应该做的事情。

使用领导力诊断方法得到的经验教训

多年来，无论是进行领导力诊断，还是用教练式辅导管理者进行领导力诊断时

（特别是在采矿业、制造业、银行业和酒店业），笔者对领导力诊断的使用情况有了很多洞察。

✦ 经验教训

- ⊘ 怀着善意去做；
- ⊘ 正、反两方面的异常情况都要做；
- ⊘ 被动和主动诊断都要做；
- ⊘ 应用这个工具时要有明确的目的；
- ⊘ 将工具应用于特定的异常事件或结果；

- ⊘ 通过"观看比赛"来诊断；
- ⊘ 一直要问"为什么？"；
- ⊘ 补救行动必须由一线人员负责并推动；
- ⊘ 警惕借口——为无效的方法和没有能力找借口；
- ⊘ 接受这样一个事实：当问题涉及方法和问责而非能力时，要接受改进的时间框架会更短这一事实。

▶ 领导力诊断应该怀着善意的意图。也就是说，这不是某种政治迫害，或试图归咎他人。领导力诊断实际上有一个崇高的目的，它是为了促进未来做出更大贡献。因此，该方法的主要功能是培养组织中各个层面的领导者。

▶ 领导力诊断应同时针对正面以及负面的异常情况。这有助于消除对领导力诊断本质上是惩罚性的，是管理层用来谴责和处罚员工的手段的误解。更重要的是，对正面的异常情况进行领导力诊断，有助于在组织中培养卓越人才，确定表现优异者（无论是仓库拣货员还是运营主管）所做的事情，以及支持其优异表现的方法、能力和责任因素，可以为企业提供重要的甄选和发展信息。同样，确定一线上的每个人都做了什么并取得了优异成绩（例如安全绩效的显著提高），可以确保积极的结果在未来得以延续，或在其他领域复制卓越的成果。

▶ 领导力诊断可以是被动的，也可以是主动的。根据定义，被动诊断是对过去的分析。它的价值在于从已经发生的事件／结果中学习。另外，积极主动的诊断可用于在过去的基础上改进未来的表现。在主动诊断的情况下，设定一个额外目标，然后确定具体需要由谁（包括一线上的每个人）完成哪些工作，以确保实现期望的结果。

▶ 当工具的使用有特定目的时，组织就能从该方法中获得最大收益。例如，一个组织可能会选择只对安全事故（致残性伤害甚至险情）进行领导力诊断，以提高其安全绩效。相反，一个组织可能会决定对收到的每一起客户投诉进行诊断，因为产品质量是其业务中的首要问题。一家航空公司对其业务中的各种异常情况进行了多次领导力诊断，从"MRP 系统中不正确的库存数量"到"钣金车间因无法获得材料而导致的机器停机"。在两周的时间里，该公司对十几种异常情况进行了分析，从而有足够的能力制订战略和行动计划来解决业务中的核心领导力问题。

▶ 要分析的意外事件或结果越具体越好。这是因为诊断的目的实际上不是解决具体的异常情况，具体的异常情况纯粹是一种工具，用于解决异常情况所反映的关键指挥问题，"合适"是指解决任何诊断显现的每个命令问题，而不是解决特定的异常情况。

▶ 领导力诊断强调了"观察比赛"的重要性，诊断的有用性取决于它所依据的信息的质量。高质量的信息只能通过花时间在现场收集事实、直接观察和向所有相关人员提问来获得。顺便说一下，在进行诊断时，了解各种不同的观点是非常有用的。通常，在不熟悉情况，但知道该用什么方法、有什么能力、提出什么问题来问责时，可以提供最有洞察力的见解。

▶ 领导力诊断需要一直进行到组织的最高层级，最好是到最高级别。这是因为，在直接导致异常的行为之外，作为和不作为隔了七个级别，往往这些就是最关键的原因。在某种情况下，高级管理人员在某些情况下所做或不做的事情往往是"靶心"，即占结果 80% 的 20% 的原因。事实证明，高层采取的补救措施往往比低层采取的补救措施产生更大的影响。例如，在前面提到的化学品制造商的案例中，改善现场的危险操作系统，比追究受伤操作员未穿 PVC 雨衣的责任所产生的影响要大得多。

▶ 在响应性诊断的情况下，需要在诊断后采取协调和系统的补救措施。此外，根据诊断结果采取的补救措施必须由一线员工拥有并推动。领导力诊断可能会产生一些有趣的发现，但不会有更多的实际行动。遗憾的是，有据可查的领导力诊断远多于那些已付诸行动的诊断。在这种情况下，领导力诊断可能成为一种学术活动，而不是显著加强组织指挥系统的手段。

▶ 并非所有的方法和能力问题都是有效的。人们经常提出方法和能力问题，以避免为自己的粗心大意或蓄意、恶意的行为承担负责。当这些问题实际上是"借口"时，他们就应该受到相应的处理。

▶ 当阻碍贡献的问题是方法或问责问题时，贡献的改善可以最快地实现。能力问题，顾名思义，需要更长的时间来解决。机加工车间检查积压的工作就是一个很好的例子。只需将必要的方法落实到位，检查员就能完成他们的工作——无论通过或不通过生产流程中的部件，都能迅速实现生产量的大幅提高。

通过领导力诊断来应对企业中的异常情况几乎是违反直觉的做法。管理者对异常情况的反应通常是采取行动，减少异常情况的影响，并进一步采取措施以防止异常再次发生。此管理行动具有短期效益——因为症状通常会消失——但没有持久的影响。此外，管理层希望尽快亲自修复结果的行为往往导致所谓的"指挥线崩溃"，管理层越过一线经理／主管的头顶去直接处理的行动和解决问题，实际上使他们下面的指挥线失去了作用。

有意培养使用该方法论的组织已经从其组织中的领导力诊断方法论中获得了最大的收益。他们将领导力诊断作为强制性活动，并要求各级管理者定期报告他们的诊断结果。甚至有些组织，比如非洲炸药有限公司，制定了每月在现场完成诊断的标准，并记录现场在领导力诊断各方面是否达标。

和其他任何事情一样，有贡献才有回报。最初做领导力诊断似乎是一项艰苦的工作。然而，就企业领导能力的显著提高而言，所积累的益处是物超所值的。

5

第五部分

合情合理的
领导力的
干预措施

到目前为止，本书已经讨论了与员工在工作中做出贡献有关的每一个具体变量。在前几章中，也讨论了能够为员工做出贡献的方法、能力，以及培养承担责任所需的问责等实际问题。

我们仍需从具体细节出发，考虑如何在组织内全面实施合情合理的领导力模型。

最后一部分（第五部分）只有一章：在组织中，如何实施合情合理的领导力。

到目前为止，本书已经阐述了**合情合理的领导力**模型的原则和实践。这些原则和实践可以根据小型或大型企业的需求自行应用。在应用这些原则和做法时，无须**合情合理的领导力**咨询公司的任何参与，就能产生显著效果。

不过，最后一章介绍了三十年来我们为应用该模型的原则而开发的方法和工具。这些方法和工具为如何以最佳效果实施该模型提供了更深入的见解。与以往一样，企业所有者或管理者应自行决定采用哪些要素。

它并不寻求提供"秘方"，因为"秘方"并不存在。它也不声称拥有实施该模型的最终答案，因为该模型本身及其实施过程都会随着时间的推移而不断发展。

本章首先介绍了什么是合情合理的领导力的干预措施，什么不是。它阐明了这种干预类型措施的可交付成果以及对成功实施框架至关重要的因素。本章的其余部分讨论了实施的内容和过程。

对于**领导力卓越、团队卓越**和**个人卓越**这三个方面的内容，分别解释了根据合情合理的领导力的标准，进行**确立**、**诊断**和**补救**的三个过程步骤。最后，就如何实现该模型所倡导的目标，即在个人、团队和整个组织层面实现人的品质卓越，得出结论。

第十三章

在组织中，如何实施合情合理的领导力

　　了解合情合理的领导力模型与实施该模型是不同的。前者是要了解该模型的基本原则及其实际意义，这是一个在头脑中进行的过程。而实施该模型则是要改变或转变一个组织，它需要干预才能实现。

　　因此，从定义上讲，合情合理的领导力的干预并不是培训干预。组织转型从来都不是，也永远不会在培训室里实现。

　　合情合理的领导力的干预并不等于领导力的发展过程。该模型的全面实施涉及组织中的每一个人，而不仅仅是担任领导职务的人。

　　作为一个组织转型过程，它涉及组织的各个方面：目标、架构、系统、价值观、行为、动机和能力。只有业务战略——业务模式、产品和市场的选择——不在其范围之内。

组织转型

目的	架构	文化	专业能力
⊘ 愿景；	⊘ 工作流程；	⊘ 价值观；	⊘ 知识；
⊘ 使命；	⊘ 组织设计；	⊘ 行为；	⊘ 技能。
⊗ 战略。	⊘ 资源。	⊘ 动机。	

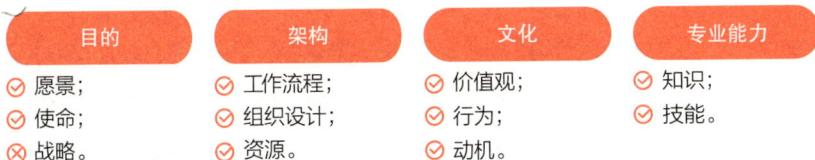

合情合理的领导力的干预交付成果

合情合理的领导力的干预会影响员工在组织中的贡献。它并不声称改善了企业的业绩，因为业绩的改善可能出于各种与人的转变无关的因素，与此同时，人与结果之间显然又存在联系。不仅如此，我们的经验还表明，只有当组织中的员工发生改变时，组织才会发生变化，而改变的起点就是组织负责人的转变。因果链如下。

原因及因果链

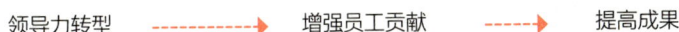

领导力转型 ------> 增强员工贡献 -----> 提高成果

该模型的全面实施可实现以下组织成果。

组织成果	
合情合理	▶ 企业的集体领导被认为是合情合理的，并且得到了大多数员工的支持。
信任	▶ 员工相信，他们的上级和同事都为他们的最佳利益着想，因此信任他们。
贡献	▶ 普通员工都致力于实现组织的目标，并愿意为实现这些目标做出额外贡献。
问责	▶ 员工表现不佳是不能被容忍的——各级员工都要对自己的贡献负责，并为此承担责任。

　　能够取得这些成果的是在个人、团队和组织层面培养的服务意识。在个人层面，从索取到给予的转变体现在人们在工作中关注什么、关心什么，以及是什么驱使了他们的行为。

　　合情合理的领导力的干预措施能培养出这样的员工：他们在工作中关注的是自己能为组织带来什么，或做出什么贡献，他们关心的是自己欠别人什么，而不是自己的权利，或别人欠自己什么。它培养出的员工的行为主要受价值观驱动，而不是受需求驱动。他们做的是正确的事，而不是权宜之计。根据 AECI 集团前首席执行官格雷厄姆·爱德华兹（Graham Edwards）的说法，对他的公司进行干预的实质是"释放了我们员工的慷慨和勇气精神，这是迄今为止我们认为不可能做到的"。

　　在团队层面，它培养了团队成员做出为团队更大的利益而放弃个人利益的准备。在这种团队中，团队成员之间是相互协作的，而不是竞争的。团队中的每个人，至少都会像追求自己的成功一样关心他人的成功。

个人

焦点	从我能"得到"什么到我能"给予"或"贡献"什么。
关注	从关注"权利"到关注"义务"。
驱动	从"需求"驱动到"价值"驱动。

团队　　给予多于索取

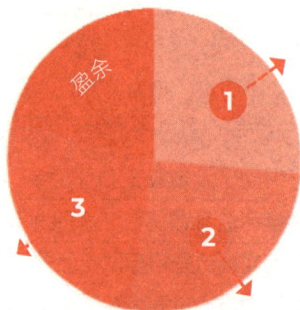

盈余

1
3
2

组织
4 种可能性

✓ 我们珍视我们的员工。

✗ 我们珍视我们的员工，以及他们努力的成果。

✗ 我们珍视我们的员工，因为他们的努力有了这样的成果。

✗ 我们珍视努力做出的成果。

在组织层面，合情合理的领导力的干预措施所产生的基本变化改变了什么是方法，什么是目的。员工和客户现在是目的，而以前是方法，组织与其员工之间的社会契约发生了根本性的改变。组织的价值观、员工和／或成果，都在发生转型。

组织

需求，是为供应而存在？

或

供应，是为需求而存在？

合情合理的领导力的干预也改变了企业与外部股东的关系。人们深信，任何企业最终都是为客户服务，而不是为自己服务的。因此，组织的主要目的是从股东价值最大化转变成为客户、为社区和为企业运营环境创造价值。

谁？何时？合情合理的领导力的干预是适用的

上述可以清楚地看出，合情合理的领导力的干预适用于任何组织，员工的贡献会对组织的卓越性产生影响。干预措施的适用与否与组织的业务内容无关，也与组织的所在地无关。合情合理的领导力模型已在全球各国与地区的公共和私营部门以及不同背景下成功实施。

它既适用于存在劳资冲突和员工不信任的组织，也适用于人际关系基本健康的组织；它既适用于高度复杂的环境，也适用于更为基础的环境。

然而，在如右图所示的四种情况下，合情合理的领导力的干预就显得不合适了。第一种情况是企业从根本上崩溃，濒临倒闭。在这种情况下，

当出现如下情形时，合情合理的领导力的干预是不适合的：

- ⊗ 企业崩溃，面临倒闭；
- ⊗ 能力有问题；
- ⊗ 高层缺乏道德约束；
- ⊗ 傲慢。

即使不解除"生命维持系统"，也需要进行彻底的"手术"。

其次，如果一个组织中的员工无法至少以最低标准完成工作，那么合情合理的领导力就不可能取得成效。该模型的实施需要工作需求与员工能力之间的合理适配。

再次，当企业的领导者缺乏道德约束时，合情合理的领导力的干预也不会成功。该模型为工作中的人们提供了道德指南针。在一个领导者的道德品质严重受到质疑的组织里，这个模型就根本不"适合"了。

最后，在一个自认为已经"达标"的组织中，实施该模型就不太可能为其做出贡献了。也就是说，当这个组织的领导层坚信他们目前已经认同了该模型的大部分（如果不是全部）内容时，合情合理的领导力模型实际上就真的没有任何可提供的了。

在过去的三十年中，上述四种情况都比较少见。在少数情况下，我们曾尝试在上述情况下的组织中全面推行这一模式，但都以失败告终。现在回过头来看，我们要么一开始就不应该与特定组织合作，要么就应该在这四种情况中的任何一种出现时立即停止我们的服务。

成功实施模型的关键因素

合情合理的领导力的干预要取得成功，必须具备三个关键因素。它们是组织领导层的**洞察力**、**勇气**和**毅力**。

▶ 洞察力

许多身居要职的人在接触这一模型后并没有真正"理解"它。这个模型看似简单，但领导者们却忽略了它所主张的——对管理信念和实践进行彻底修正。领导者学会了合情合理的领导力的语言，但却无法理解该模型词汇之下的内涵。他们没有意识到以下陈述对领导力变革的启示。

> ## 合情合理的领导力模型的陈述
>
> "管理者只有得到许可,才能拥有权力。"
>
> "领导力和权力不在于你能从人们身上得到什么,而在于你能给予他们什么。"
>
> "如果不放弃对结果的控制,赋予权力是不可能的。"
>
> "给予不是为了友善,而是为了得体。"

当领导者真正"明白了"合情合理的领导力模型,他们就会得到两个关键的洞见。第一点:"领导者是为员工服务的,而不是相反。"这一点很难被接受。这是因为,一般来说,衡量和奖励管理者的标准是他们从员工那里得到了什么,而不是他们给予了员工什么。

第二个洞见更加苛责。这就是,关心与成就他人,甚至不是关于一个个体,而是关于个人自己——你,而不是他们,不是项目。我们一再发现,只有当企业领导者的个人思想发生转变时,合情合理的领导力干预措施才能充分发挥作用。只有在个人成熟的基础上,才能成功地领导他人。

▶ 勇气

合情合理的领导力模型绝不是一种"柔软、蓬松"的东西,要完全实施该模型,需要骨气和勇气。

根据经验,大多数管理者都会发现,让员工承担责任异常困难。因此,在组织中最常见的是"软性"错误,而不是"硬性"错误。同样,许多管理者也不愿意交出控制权。他们不愿意放手,不愿意信任他人,也不愿意让别人证明自己值得信任。

将注意力从结果转移到过程,更需要勇气,还需要在预期结果未出现时,继续专注于贡献。

需要勇气,去做……

- ⊘ 让人们承担责任;
- ⊘ 放弃权力;
- ⊘ 将注意力从结果转移到过程;
- ⊘ 做正确的事。

最后,在任何合情合理的领导力的干预措施中,总有一些会对领导者无条件给予的能力提出挑战。不可避免地会出现一些情况，这些情况考验着领导者是否做好了将自己置于危险境地的准备，是否做好了根据正确而非权宜之计做事的准备。

该模型的精髓在于"心中有仁，手中有钢"。缺乏必要的领导力才能，就不可能真正实施该模型。

▶ 毅力

我们在合情合理的领导力工作坊上提出的一个问题是"在组织层级中，谁应该首先改变？"。人们的第一反应总是认为，应该首先改变的是高层。除非他改变，否则没有人会改变。

然后，我们将参会代表分成若干小组，每个小组在层级中分配一个职位。每个小组的任务是提出一个令人信服的论点，说明为什么他们应该首先进行变革。尽管一开始大家都倾向于从高层开始变革，但在各个层面都提出了支持变革且令人信服的论据。结论显而易见，能够，而且应该首先改变的人是我。不仅如此，如果我不做出改变，那么唯一需要承担责任的人就是我自己。

显然，如果变革确实由高层领导，那将是头等大事。当组织高层的领导者为其他人树立了榜样时，实施过程无疑会加快。但在实践中，我们发现这种情况很少发生。我们的经验表明，实际上几乎不可能预测谁会首先在组织中进行变革。

> 多年前，我在一家炸药工厂工作时，实施了合情合理的领导力模型，最先改变的是其中一个工厂的团队经理。
>
> 他负责的领域——生产率、质量、交付情况——都是一团糟。他从合情合理的领导力工作坊回来后，向他手下的 20 名操作员提出了一个他以前从未问过他们的问题："我怎样才能帮助你们制造出更好的连接器（用于炸药）？"
>
> 他得到的回答是一片死寂。这并不奇怪，因为他以前只是一味地要求他们提供更多、更好的产品。
>
> 于是他让他们考虑这个问题，并在适当的时候告诉他。他的工作目标就是尽可能消除他们的障碍。在 10 个星期内，结果令人惊喜。

当一个或多个员工接触这个模型并付诸实践时，关心与成就他人实际上就开始在组织中发生了。他们这样做所取得的成果不仅鼓励他们继续这样做，而且还为其他人树立了榜样。

关心与成就他人的萌芽发生得很缓慢，往往需要时间才能引起注意。然而，在某个时刻，它会生根发芽、蓄势待发，最终会达到某种临界点。这时，关心与成就他人就不再是例外，而是常态。

这就是著名的"蓝纹奶酪类比"。从一粒小小的蓝色斑点开始，奶酪一点一点地变大，直到最后变成"蓝纹奶酪"。这个标志不一定可以量化，但可以感觉到：它可以被看到、感觉到和闻到——就像一块上好的蓝纹奶酪一样。

换句话说，组织不会在一夜之间发生转变。这是因为，无论技术如何进步，人仍然是人。因为是人，所以需要时间来应对和适应变化。

蓝纹奶酪类比

从一粒小小的蓝色斑点开始，奶酪一点一点变大，直到最后变成"蓝纹奶酪"。

培育一个体现合情合理的领导力的原则和精神的组织，需要参与其中的每个人有耐心、有毅力，那些没有长期打算的人不应该考虑这个事情。

从该模型中获得最大回报的组织一直坚持这一过程。他们的成功是在相当长的一段时间内，勤奋、坚持不懈地从迈出一系列小步开始，汇聚成最终的结果。

培养人的卓越品质：内容和过程

培养人的卓越品质以及在组织中服务的意愿，建议从三个方面入手。

▶ **领导力卓越**：在整个指挥链中，建立合情合理的权力关系。

▶ **团队卓越**：培养人与人之间的互动，这种互动本质上是合作，而非竞争。

▶ **个人卓越**：通过提高个人的能力，使其能够在其所处的时刻，为了正确的事情而暂缓自己的利益，从而使自我成熟起来。

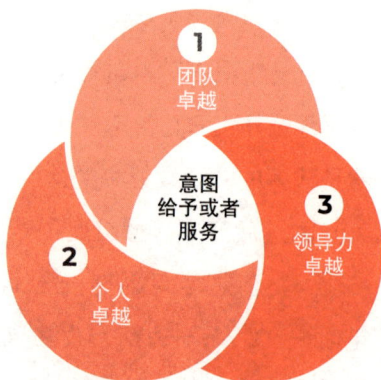

人的卓越品质——内容

1. 当团队成员之间的互动是合作，而非竞争时，团队表现出色。

2. 无条件给予的意图日渐成熟。

3. 人们会为关心和成就他人的领导者付出额外的努力。

组织可以在任何一个内容领域开展工作，但实际上不能同时进行。大多数组织都选择从"卓越领导力"领域入手，因为他们认为"鱼儿是从头开始腐烂的"。就一个组织而言，这是一个合乎逻辑的起点。

那些在其他两个领域开展工作的组织通常是由于认识到以下几点而这样做的。

与团队卓越的动力一样的见解："组织与其说是组织中人的功能，不如说是组织中人与人之间互动性质的反映。"

为了让组织蓬勃发展，组织中的互动性质必须从"我能从这次互动中得到什么"，转变为"我应该贡献什么"。

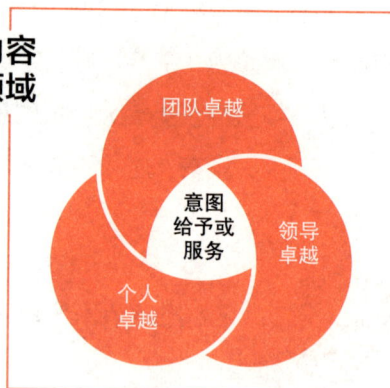

要真正做到关心与成就他人，需要关心与成就他人者具备非凡的成熟度和个人掌控能力。只有这样，才能接受"个人卓越"的内容。简言之，如果你不能首先掌控自己生活，就无法领导他人。

领导力卓越

领导力卓越的内容以工作中合情合理的权力关系的通用标准为中心展开。它将合情合理的领导力标准，转化为领导层中不同职位人员的关键领导任务。

在一线经理层面，主要的领导任务是了解并关心团队成员，让那些直接为成果做出贡献的人能够做到这一点，制定卓越标准，并要求直接汇报人对这些标准负责。

除上述情况外，管理人员的管理者，需要将时间和注意力从成果转移到实现成果的能力建设上来。他们还需要培养向其汇报工作的一线管理人员的能力，学习如何妥善处理本领域的异常情况，并掌握培养没有受害者心态的强者员工的技能，同时，他们也需要提高一线经理的能力。

除了中层管理人员所需的辅导、诊断和咨询任务外，高层管理人员还需要执行以下领导任务。他们需要树立企业的仁爱之心，并将其传授给企业中的每一个人，宣贯组织的价值观，使组织中的每一个人都遵守一套能够反馈其贡献的衡量标准，创建有利的架构和系统，并在个人贡献和成果之间建立并提供清晰的界限。

实施领导力卓越内容有三个步骤：根据合情合理的领导力标准**建立**、**诊断**和**补救**。

▶ 建立标准

工作坊是建立**领导力卓越**标准的工具。合情合理的领导力入门工作坊（为期两天）旨在建立对合情合理的领导力理念和原则的理解与承诺。工作坊的内容在层级上是相同的，但会根据参与者的级别进行调整。

此后，将在一段时间内，以半天或一天工作坊的形式，滴灌式地部署一系列应用模块。应用模块由一系列工作坊组成。模块的选择取决于目标人群（见上文）以及确定在特定组织的某个时间点最有帮助的内容领域。每个模块都提供了对特定领导力问题的更深层次的理解，并为工作场所的应用提供了实用的领导力工具。

优化了应用模块流程的组织，采取了以下措施。

- ▶ 根据他们的组织定制内容。
- ▶ 对内容的理解和应用进行前后评估。
- ▶ 要求参与者应用工具，然后汇报他们在工作场所应用工具的经验。

如果内容由组织内可信的领导者提供，并且（或者）组织内的教练支持领导者应用这些工具，就能取得最佳效果。在一个案例中，一位高级经理采用教练式辅导的投入超过 500 小时，有效推动了工具在组织中的深度应用。

需要说明的是，个别领导者仅仅参加初期的两天研讨会就足够了。要么他们已经凭直觉运用了合情合理的领导力的标准，要么他们本能地知道如何去做。但更多的情况是，参加入门工作坊的学员向我们提出："这绝对有道理，但我该怎么做才能实施呢？"应用模块就是领导者日常领导实践中的"如何做"。

此外，在组织中实施合情合理的领导力的标准，还需经过另外两个步骤：根据标准，进行诊断和补救。

> **应用**
> **模块**
>
> - ▶ 关心的真谛；
> - ▶ 合理安排时间；
> - ▶ 授权；
> - ▶ "观看比赛"；
> - ▶ 明确期望；
> - ▶ 认同贡献；
> - ▶ 促进贡献；
> - ▶ 培养卓越能力；
> - ▶ 塑造强者；
> - ▶ 追究责任；
> - ▶ 处理异常情况。

▶ 依据标准的诊断

依据标准的诊断有两个功能：首先，它为集体和个人领导力提供了一面镜子，让他们了解自己目前在标准方面的表现，从而激励他们采取行动；其次，通过诊断，可以确定领导力实践中的重点变化，这些变化将为组织绩效带来最大益处。

为此，有三种可能的诊断工具：合情合理调研、领导力审计和组织诊断。

合情合理调研，不仅提供了对员工意见及组织氛围的透彻理解，还提供了员工评估背后的"为什么"。它可以获取以下重要信息，作为制定有效补救战略的基础。

合情合理调研的启示

▶ 亲建制派和反建制派的比例以及这两组人群的基本构成。

▶ 员工对组织各级领导的信任程度及原因。

▶ 组织中的联盟模式或员工对谁忠诚。

▶ 组织中合情合理权力的来源与缺失之处。

▶ 亲建制派和反建制派的可靠信息来源。

领导力审计，是评估目前领导者个人和整个领导层在多大限度上符合合情合理的领导力的标准。

领导力评估

样本量：		领导者：4
评分	2020 年	2021 年
关心	1.8	2.2
方法	3.0	2.9
能力	1.0	2.5
问责	-2.0	2.2
总体	0.1	2.5

领导力审计的成果是每位领导者的个人形象概况，以及各级、各部门和整个组织的综合形象概况。这些形象概况是根据其直接汇报人的反馈汇集的。前提是那些最有资格根据合情合理的领导力的标准来衡量领导者的人。

形象概况的目的是向领导者指出其与标准相对应的优势领域以及需要改进的重点。在英国庄信万丰催化剂公司（Johnson Matthey Catalysts），**领导力审计**为指导改进领导行为的过程提供了支持。人力资源总监在总结这一过程的成效时说："最重要的是，我们现在的管理人员比以前更好了，而他们中的大多数还是原来的那些人。"

组织诊断，是根据合情合理的领导力的标准对组织环境进行评估。其交付成果是确定需要进行哪些组织变革，以支持合情合理的领导力框架的可持续实施。

组织诊断超越了意见和看法的范畴，是对促成领导力卓越的组织变量进行调查。组织诊断在组织所在地进行，为期数天，包括以下几种或所有类型的分析。

组织诊断

▶ 对组织架构进行回顾，以确定组织架构对员工关心和成就的有利或不利程度。

▶ 评估组织措施或计分卡对员工贡献的激励程度。

▶ 参加有代表性的运营回顾会议，以检查其在鼓励慷慨、勇敢行动方面的作用。

▶ 利用领导力诊断，来确定组织中积极和消极异常情况背后的指挥问题。

▶ 跟踪个别领导者，获得领导力实践的第一手观察资料。

▶ 检查组织系统以及流程中控制措施的使用情况。

在干预措施开始时，使用三项诊断指标中的一项或多项，可提供基线测量，如果在临时基础上重复该测量值，就可以用来跟踪补救措施的有效性。

▶ 依据标准的补救

依据合情合理的领导力的标准进行补救的方式因组织而异。这是因为，任何企业的补救或战略实施都要参考在合情合理的领导力工作坊上进行的自我反思，以及根据合情合理的领导力的标准进行诊断后得出的结论。根据定义，所采取的步骤及其顺序都是独一无二的。

以下所列，并非详尽无遗的清单，而是从不同组织在过程中的补救阶段所做工作中挑选出来的。本书前面的第二、第三和第四部分已经介绍了补救的具体内容。

实施合情合理的领导力模型

▶ **企业价值观**——通过明确每种价值观的含义来宣贯价值观,将价值观整合到管理实践中,并让人们对这些价值观负责。

▶ **赋能架构**——重新设计组织,以创建全任务工作团队以及授权管理架构。

▶ **时间和注意力**——实施领导力日记,极大改变领导者支配时间和关注点的方式。

▶ **计分卡**——重新配置或改变,用来衡量组织和团队成功与否的标准。

▶ **目标一致**——制订包容性的计划和目标一致流程,以调动员工的积极性。然后,将目标实现情况作为运营回顾会议的核心,重点关注结果背后的"为什么"。

▶ **垂直授权**——界定层级中不同层次的贡献,逐步将决策权从中央下放到基层。

▶ **"杀蛇"**——系统地消除横向业务流程中的过度控制。

▶ **团队辅导**——建立实践社区 / 领导力论坛,作为领导者相互学习经验的工具。

▶ **教练式辅导卓越**——实施教练式辅导,以改变直接汇报人能力为主要目的。

▶ **领导力诊断**——部署领导力诊断方法,改变企业处理异常情况的方式。

▶ **绩效管理流程**——重新设计绩效管理流程,并利用该流程培养领导人才。

合情合理的领导力在实施过程中的作用是协助选择和安排实施活动的顺序。它还提供团队和个人辅导 / 咨询服务,支持领导者实施上述一项或多项活动。

团队卓越

团队卓越的内容建立在这样一个前提之上:只有当团队中的个人给予多于索取时,团队才能取得成功。也就是说,当他们将自己的利益服从于团队的更大利益时,团队才会成功。人们能否做到这一点,与他们"拥有"多少,或"知道"多少关系不大。这种给予能力体现在意愿或意图层面上。

在团体环境中,个人无条件给予的意愿首先是由团体领导层激发的。正如上文有关领导力卓越的内容所论证的那样,人们会为关心他们、成就他们的团体领导者付出额外的努力。除此之外，成功的团队还有四个关键变量。

第一，团队要有一个目标或宗旨，以激发贡献意愿。这个目的与服务客户有关。第二，每个成员都能从自己所从事的工作中找到意义，因为他们了解自己所扮演的角色如何为团队的成功做出贡献。第三，团队中个人之间的互动本质上是合作，而不是竞争。

要做到这些，团队中的每个人都必须肯定其他团队成员的重要性。尊重他人的贡献是将团队成员团结在一起的"凝胶"。

第四，团队有一套既定的参与规则来规范团队中的行为。只要团队成员在任何情况下都能区分正确与权宜

团队卓越

团队的成功程度取决于个人在多大限度上无条件地支持团队目标的程度：

▶ 善意的意图；
▶ 在任务层面的意义；
▶ 团队成员之间的尊重；
▶ 以价值为先的信任。

之计，并在正确的基础上采取行动，那么团队内部以及与外界的信任度就会与日俱增。换句话说，团队将价值观放在首位。

团队卓越过程

⊘ 建立标准；
⊘ 依据标准诊断；
⊘ 依据标准补救。

根据我自己的经验以及我对团队行动的观察，这些目标、意义、尊重和信任的特质并不会自然而然地出现，也不会因为团队已经合作了一段时间就会出现。它们需要团队后退一步，进行反思，并有意识地研究团队是如何运作的。

合情合理的领导力的团队建设过程已成功应用于两种极端情形，即合作极不愉快的团队以及成员之间具有合理信任和尊重的团队。每个团队建设过程都是根据团队的独特要求构建的并事先征求团队成员的意见。任何团队卓越的过程都遵循建立、诊断和补救的三个步骤。

上述标准其实都是常识。在团队建设过程开始时，可以很容易地从团队成员那里获得这些建议。就团队的整体状态而言，团队的当前状态可以通过隐喻或在会议之前完成的同行问卷来获取。

补救步骤的内容显然由诊断材料决定，但可以包括以下内容。

补救步骤

▶ 确立团队的目标或善意意图。了解团队服务的对象，以及为客户和世界带来的价值。

▶ 在每个人的角色和团队的整体目标之间建立一条清晰的界线。

▶ 建立团队的价值观或全情投入准则。然后通过团队成员的承诺，来确保他们的行为与这些价值观一致。

▶ 对团队每个成员所做的独特贡献心存感激。

▶ 确定团队和个人需要做什么，以实现团队的卓越性，并交付成果。

针对高管团队，我们与英国庄信万丰催化剂公司的高管合作，开发了一套名为**"通过成就他人来成长"**（Growing by Grow-ing Others）的流程。该流程旨在展示以下内容。

▶ 我们在工作中的每一次互动都是一次学习和成熟的机会，只要我们选择这样做。

▶ 当**给予**的意图融入个人的每一次互动时，它对组织、组织内部的关系以及个人本身都会产生变革性的影响。

这样做对组织的好处，不仅在于领导者的行为符合善意或服务的核心标准，而且在于高层管理者之间的工作关系本质上是合作关系，而非竞争关系。

这个流程分为三个部分。

通过成就他人来成长

1 确定组织的现状、组织内各种关系的现状以及两者之间的联系。

2 确认个人、团队和组织的卓越标准。

3 根据标准或每个人的承诺进行补救，在工作中的每种关键关系中做正确的事而不是权宜之计。

作为领导力卓越内容的一部分，我们认为，在任何组织中，最重要的人是那些对组织的成果做出直接贡献的人，是那些从事业务一线工作的人。如果说领导者是为员工服务的，那么一线员工就是为客户服务或为客户创造价值的。

因此，除非大多数个人都能为客户做出自己独特的贡献，否则干预活动就是不完整的。这方面的工具是一个为期一天或两天的过程，适用于熟练或不熟练此情形的人。这个过程是为组织定制的，根据所涉及的人数，可以由内部被赋能的协调员实施。

员工卓越过程的交付成果包括以下内容。

员工卓越交付成果

▶ 了解我们的服务对象以及我们如何创造价值。

▶ 了解客户对我们的期望——他们的卓越服务标准。

▶ 衡量我们为客户带来的价值创造或贡献。

▶ 建立个人贡献与组织目标之间的联系。

▶ 确定我们的管理人员需要采取何种方法、具备何种能力、承担何种责任才能做出贡献。

▶ 了解在这里做出贡献，如何同时改变我个人，与同事建立信任，并为企业的成功创造条件。

英国庄信万丰催化剂公司印度分公司的现场经理塔伦·戈沙尔（Tarun Ghoshal）在**员工卓越**过程结束时说："曾经以他们反对我们（工人与管理层之间的分歧）为特征的工作场所，现在已经成为具有强大的团队精神和追求卓越的家园。"

个人卓越

个人卓越的内容并不适用于组织中的所有员工。它是针对客户组织中的关键人物，他们的个人卓越和成长对业务转型至关重要。个人卓越过程的目的是发挥个人的主人翁精神，使其成长为一个人。在这个过程中，假设有一个核心变量，它可以解释个体的成功，那就是意图。因此，个人卓越过程为组织中的高级别人员提供了一个探索和发展自身意图的框架。

在此过程中，参与者会做以下事情。

个人卓越过程

- ▶ 明确人类所渴望的东西以及这些东西的真正来源。
- ▶ 探索成熟与不成熟之间的区别，以及一个人的成熟度如何影响他个人、他与其他人以及他所生活的世界的关系。
- ▶ 理解一个人的意图从"为了索取"到"为了无条件地给予"的成熟过程。
- ▶ 体验"正确"或慷慨、勇敢的行动是如何通过内心的信任和感恩来实现的。同时，不信任和怨恨是如何影响一个人的成长的。
- ▶ 掌握一些与他人和生活打交道的有力工具。
- ▶ 根据他现在关心的事情，询问他曾经历的事件，确定他现在的意图。
- ▶ 变成他未来想要成为的样子。

个人卓越的过程是一个为期连续五天的密集课程，或者是一系列每个月一天连续五个月的课程。过程中和过程后使用的诊断工具都与自我反思以及自我静思的内心对话有关。

在初始过程之后，合情合理的领导力通过为个人提供指导服务，帮助个人进一步实现个人成熟。

最后

我们致力于实现的目标是明确的。这就是在个人、团队和组织层面，在尽可能多的情况下实现人的品质卓越或服务的意图。

实现这一**目标**的方法仍在增加。尽管如此，多年来我们已清楚地认识到以下几点，即任何合情合理的领导力的干预措施的有效性。

什么促进了成功？

1 从当前现实开始；

2 谈论组织中的问题；

3 避免宏大的计划。

首先，干预措施必须从客户组织目前的状况出发。如果领导层目前认为他们的工作是通过人取得成果，那么干预的出发点就是将管理者与员工关系中的**方法**和**目的**倒置。

如果组织中人与人之间的平均互动是追求自我，那么，促进合作而不是竞争就必须成为最初的重点。如果关键人物在工作和个人生活中都在为个人安全、成就感、权力与和谐等问题而挣扎，那么就必须以个人卓越为出发点。

其次，合情合理的领导力的干预措施必须是组织当前所面临的紧迫问题的组成部分，而不是与之并行不悖的事情。无论是缺乏员工参与、产品质量问题、团队功能失调、缺乏责任感、内部焦点，还是其他任何问题，当合情合理的领导力的理念和实践应用于解决实际问题时，总是能取得最佳效果。

最后，各组织应抵制制定并遵循一个宏大计划来实施模型的诱惑。如果朝着正确的方向一步一个脚印地走下去，相信随着事态的发展和生活的变化，下一步要走的路也会逐渐显现出来，那么实施过程无疑会好得多，即使这看起来有违直觉。

温迪·兰伯恩（Wendy Lambourne）拥有工业与组织心理学硕士学位，是南非医疗与牙科理事会的注册心理学家。

她早期的大部分职业生涯都是在南非化工行业度过的。20 世纪 90 年代，她受雇于当时世界上最大的商业炸药公司。该公司受到生产率、质量和安全问题的困扰，其核心是领导力的失败。在担任高级组织发展职务期间，她与领导层的同事们一起致力于公司的转型，其中的黄金法则就是埃兹科·舒伊特玛（Etsko Schuitema）的"关心与成就"领导力模型。该模型源自对南非金矿开采业管理层信任度的开创性研究。

她从亲身经历中确信了这一模型的力量，于是离开公司，致力于帮助领导者在尽可能多的情况下应用这一模型。在过去的二十五年里，她已成为国际公认的在工作中切实实现从"索取"到"给予"根本转变的权威。她的实践经验涉及多个行业和多个国家的各种情况。

作为合情合理的领导力（Legitimate Leadership）的创始人，她将继续致力于建立以合情合理性、信任、贡献和责任为特征的组织。